心の壊れた子どもたち

Broken-spirited Children

精神科医
町沢静夫

朝日出版社

はじめに

今ほど、子どもや青少年の問題が、大きく取り上げられている時代はありません。私たちは、次から次へと伝えられる青少年の凶悪な犯罪に大きな衝撃を受けるとともに、心を痛めずにはいられません。また、不登校やいじめ、そして引きこもりといった問題も大きく取り上げられており、今や青少年に関する議論が、いろいろな分野で盛んに行われています。

私自身も、青少年の問題に取り組んで二〇年近くになります。当初から私は、青少年に多いボーダーラインという、衝動的で攻撃的な人格障害を研究していたのですが、その研究はやがて日本の青少年全体に広がっていくことになりました。

ボーダーラインは、アメリカで生まれた概念ですが、日本でもその概念が当てはまることが確認されました。しかし、その原因となると、アメリカでは九〇％以上が虐待が原因で生じるのに対し、日本では虐待によって生じるボーダーラインは六～七％にとどまります。圧倒的多数、つまり八〇％前後は過保護によって生じていたのです。

この両者の違いに、私はとまどってしまいました。片方が虐待で、片方が過保護でボーダーラインが生じるというのでは、理屈が合わないのではないかと思い、私はしばしこの問題についてたたずんでいたように思います。

しかし、ボーダーラインの子どもたちを診ていると、たとえばあるケースでは、家のなかで大暴れをし、両親に大怪我をさせた少女が、実は幼児期にぜんそくがあり、たいへんな過保護で育っていたということがわかってきました。その子は、なんでも許され、なんでも親に命令し、母親はそれを聞いて育ってきたのです。この過保護によって、彼女は自分の欲望のコントロールを失い、自己の成長がゆがみ、そのためにボーダーラインになったと考えられるのでした。

日本にあっては、過保護はアメリカで言うところの虐待と、ほぼ同じことだと考えられます。アメリカでは、虐待によってアイデンティティーの成長がゆがみ、ボーダーラインが生じると考えられていますが、日本では反対に、自由奔放に育てられたためにアイデンティティーのゆがみが生じると考えられるのです。欲望を抑制することができず、衝動のコントロールができず、怒りのコントロールもできない。それでいて、母親なしには暮らせないという、甘えが強い側面があるのが日本のボーダーラインです。

私はこのボーダーラインの研究から、結局行きつくところは、初期のしつけの問題にあることに気づきました。しつけの不足が子どもの欲望のコントロールを失わせ、その結果ある子どもはボーダーラインに、またある子どもは自己愛性人格障害に、そしてさらにある子は非行化へと向かうのです。この初期のしつけというのは、小学校低学年までに行われる親のしつけのことです。もちろん、一方で子どもの生まれ持つ素因も重要であり、それらがストレスを受けて精神障害の方向を決めるのですが……。

このことを調べているときに、私は先進国ほどしつけの能力が落ちているというアメリカの研究を知りました。これは私にとって、実にショッキングなことでした。先進国ほど子どもの育児がうまくいっているだろうと思うのが常識的な考えだからです。

しかし、先進国であるがゆえに、母親や父親が自分が好きなことをするために育児がおろそかになり、そしてまた、個人主義が行き過ぎたために家庭の利己主義が広がり、家庭のメンバーがみな他人のようになってしまう。そうなると、当然しつけは十分になされるものではありません。

我々は民主主義、自由といったものを、非常に貴重な概念としてとらえていたのですが、現在の先進国では民主主義は利己主義に、自由は無責任で放縦な生活に、というふうになっており、そのような考えで生きている親に、子どもをきちんとしつけることができないことは言うまでもありません。

そして今、私たちは日本において、青少年のさまざまな問題の根源が、この親による早期の育児能力の低下にあるということに、気づかなくてはなりません。私はこのことを強く主張し、本書を作りました。

ものが豊かであれば、心が豊かになると考えていた私たちの常識は、みごとに覆されたのです。ものが豊かであれば、欲望が放縦に動き出し、心はますます病み、自己喪失にいたるということに気づかざるをえないのです。

今後の社会において、ものの豊かさが心の本当の豊かさになるように、われわれはもう一度子どもの問題について、しっかりと考えていかなければなりません。

二〇〇〇年五月

町沢静夫

心の壊れた子どもたち　目次

第2章

「いじめの国」の少年たち

第4章 引きこもる子どもたち

第6章

子どもが七歳になるまでに親がすべきこと

装幀――川島進（スタジオ・ギブ）
カバーイラスト――小池アミイゴ
編集協力――鈴木ひとみ

第1章

変わる子どもたち

さまざまな問題を抱える今の子どもたち

子どもたちは確実に変わっている

昨今、「学級崩壊」ということが話題になっています。小学校や中学校で生徒たちの統制がまったくとれなくなり、教師は授業もできなくなるという、まさにクラスが〝崩壊〟してしまうという現象です。東京都内で小中学校の教師を対象に行ったあるアンケート調査では、小学校の一三クラスに一クラス、中学校では教師七人に一人の割合で学級崩壊が起きているという報告が出ています（『朝日新聞』九九年六月二〇日付朝刊）。

私は精神科医として学校や文部省などに呼ばれて講演をしたり、意見を述べたりする機会が多いのですが、そこでは当然、学校問題がテーマになることがほとんどです。学級崩壊とまではいかなくても、授業中に平気で「トイレに行かせてください」と言って席を立ったり、中学生が教師の前で平気でタバコを吸い、注意されると反省や後ろめたさなどがまったく見られない様子で「今消すから」と言ったりというようなことは実際、頻繁に耳にします。

明らかに青少年の生活態度は変わってきているのです。我慢ができず非常に気分的で、人とも浅く付き合うことしかできなくなっています。またカッとなりやすいと同時に、きわめて傷つきやすいという特質も目立ちます。

驚くほど傷つきやすい心

今の子どもたちの友だち関係を調べてみると、ちょっとしたことですぐに傷ついてしまうことに気づきます。

これは私の外来にやってきた中学生A君の例ですが、彼はクラスメートのB君から「この問題、わかる？」と聞かれたときに、「そんなことわからないの」と言ったために、その後一年間、B君からいじめられ続けました。一年間はいじめに耐えたものの、やがて不登校になり、私のところにやってきたのです。

「そんなことわからないの」と言われたほうは大変な屈辱感と心の傷を受け、その仕返しとしていじめに走ったわけですが、それにしても一年もの間いじめ続けるというその傷つきやすさには驚かずにいられません。と同時に、いじめられて、それに対する対応策を何も考えないまま不登校にいたるというのも、いささか情けない世代だなと思うのです。

子どもたちは「チクった」と言われるのを避けるため、いじめられていることを教師や親にはなかなか話しません。ですが、このケースはやがて担任教師の知るところとなり、A君、B君、そして両方の母親に学校に来てもらうことになりました。すると、驚いたことにB君の母親は「これくらいのことで不登校になるなんて、私の子どもの責任ではないと思います。Aさんのご家庭の問題じゃないですか。しつけの問題ですよ」と言って、さっさと帰ってしまったというのです。

この話を聞いて、私はとっさに神戸の少年Aのことを思い浮かべました。

あるとき、少年Aがほかの子に暴力を振るったことがありました。担任教師は当事者の少年たちとともにお互いの母親も呼び、この事件の和解を図ろうとしました。しかし、少年Aの母親は「いじめは、いじめられる側にも問題があるんですよ」と言って、さっさと少年Aの手を引っぱって正門から堂々と帰っていったといいます。

こうした母親の反応は、今ではそれほど珍しいものではないようです。自分の子どもかわいさのあまり、相手の立場を思いやれなくなってしまうのです。

B君の母親も、不登校で悩んでいるという相手の立場を無視し、その子が自分の子どもから、血が出るほどの暴力を受けたのにもかかわらず、子どもが謝罪しないのを当然のこととし、親も謝罪する必要はないと主張する。このように母子一体となって自分を守り、そして守りに徹することで相手の気持ちを思いやる共感性を発揮しないということは、今の家庭や学校の様相をよく示していると言えます。

いじめた方の親が裁判に備えて、子どもにいじめは一切なかったと言わせるケースすらあるのです。子どもに真実を言うなという親に、いったい良心があるのかと思わざるをえません。

親のしつけ不足が子を追いつめる

九八年に栃木県黒磯市で起きた中学校の事件も、親のしつけ不足が悲劇をもたらしたと言えます。

事件は、授業の途中で当時中学一年生だった少年が「トイレに行かせてくれ」と教室を出ていき、帰りが遅かったのを担任の女性教師に怒られたために、ナイフで刺し殺したというものでした。

当たり前ですが、かつての中学校では決して見られなかったことです。自分勝手で、自分の要求だけを押し通そうとする——。明らかに、親のしつけ不足です。

また九九年七月には、有名大学を卒業した二八歳の青年が飛行機をハイジャックし、機長を殺すという事件が起こりました。動機は「自分で飛行機を操縦してみたかったから」という、きわめて幼稚なものでした。この事件については第3章で改めてお話ししたいと思いますが、この場合、問題なのは小学校、中学校、高校、大学、そして職場でも、彼にはほとんど仲間というものがいなかったということです。

いったい、親はそのことに気づかなかったのでしょうか。また、学校の教師も気づかなかったのでしょうか。どれほど偏差値が高くても、友だちがほとんどいない、つくれないような子どもでは社会に出られなくなってしまいます。この当然予測されることを危惧して、親や教師は何か手を打ったのでしょうか。

現に彼は、社会に出てからも、まわりの人となかなか打ち解けることができず、結局職場で浮いてしまい、辞めざるをえなくなってしまいます。いかに勉強ができたとしても、対人関係を築く力がなければまったく意味がない――親や教師がこのことを忘れていたのだとしたら、今の日本の現状をよく表しているとしか言いようがありません。

美人でなければ、人間じゃない…?

親のしつけのほかに、今の子どもたちに大きな影響を与えているのはマスメディアです。

ある不登校の女子高校生は、ずっと部屋に引きこもっているばかりでした。私が「なぜ学校に行かないの」とたずねても、「わからない。なんとなく」という、例の子どもたちの一般的な答えが返ってくるだけでした。

しかしあるとき、ふと本音をもらしたのです。彼女が外へ行かないのは、「自分の顔がみにくくて、人に笑われるのがこわいから」だと——。つまり、原因は「醜形恐怖症」と呼ばれるものだったのです。

醜形恐怖とは「自分の顔や体形はみにくい」と思い込み、そのみにくさを人前にさらけ出すのがこわくて自宅に引きこもりがちになってしまうというものです。近年、若い人たちを中心に非常に増えています。女性だけではなく、男性も女性とほぼ同じ多さです。それも小学校高学年くらいから発症し、中学生、高校生、大学生、社会人と、延々と治らずに続いたりします。重症な場合は引きこもるだけとなり、社会とまったく交渉がなくなってしまいます。我慢して学校や会社へ行っている人も多いのですが、それも必死という感じで、こちらが「いつ(学校や会社を)辞めてしまうんだろうか」とハラハラせずにはいられないようなものです。

ですが、本人がいくら「自分はみにくいんだ」と言い張っても、客観的に見ると、理解しがたいような場合がほとんどなのです。実際、患者には顔立ちの整った美しい人も多く、身体も決して背が高すぎるとか首が太すぎるとか、本人たちが言うように不調和とは言えない人がほとんどです。そのようなあまり問題のない人ほど、かえって自分の顔や身体に欠点を見つけて、ひどく悩み、時には引きこもってしまう。これも傷つきやすい、見かけにとらわれやすいという、今の若い人たちに共通する特徴と言えます。

今の若い人たちを見ていると、確実に年々、見かけにとらわれやすいという面が大きくなっています。テレビやファッション雑誌のトレンドは、美しさというものを極度に強調し、まるで「美しくなければ人間ではない」というかのような勢いです。雑誌は、足は細く顔はスッキリとした美男美女を次々と表紙に載せ、テレビも美男美女を続々と登場させます。

毎日毎日、これでもかと言わんばかりに美男美女を見せつける。こうしたマスメディアの状態が子どもたちに影響を与えないわけはありません。「美しくなければ人間ではない」と思い込まされるところまで、今、私たちは追い込まれているのです。

子どもたちのいじめは〝ゲーム〟感覚

また、今の子どもたちに大きな影響を与えているものとして、無視できないのはテレビゲームです。特に人を殺すようなテレビゲームが大はやりです（人間ではなくゾンビだったり、異星人だったりすることもありますが）。

学校の時間を除けば、ほとんどの時間を家庭やゲームセンターで、人を殺したり倒したりするゲームに費やしている子どもたちも少なくありません。こうしたなかで、どうして子どもたちが生命の尊さや「人を人として尊重する」ということを学べるでしょうか。

極端なことを言えば、彼らは毎日、人殺しの方法を学んでいるようなものでしょう。人間を人間とも思わない、ある意味で〝犯罪者の予備群〟を私たちはつくっていると言っても過言ではないと思います。

また、私が九二年に一八〇〇人の中学・高校生を対象に行った調査では、「現実と想像の区別がよくわからないことがある」と答えた人は二五％近くにも上りました。約四人にひとりが現実と空想の区別がつかないというのは、このテレビゲームの普及と無関係ではないと思われます。

子どもたちの間の「いじめ」が社会問題として大きく取り上げられるようになってから、ずいぶん経ちます。この間、それぞれの学校や家庭でも、また行政でもさまざまな努力がなされてきましたが、まだ解決にはほど遠いというのが現実です。

現実には、いじめの方法はますます陰湿をきわめ、しかも、その多くは教師の目が届かないところでひそかに行われます。徒党を組んでひとりの人間をいじめ抜くことが彼らの

〝遊び〟であり、〝ゲーム〟となっているのです。

ゲームの餌食となった人間は虫けらのようにあざ笑われ、からかわれ、殴られ、傷つけられます。九三年に山形県の中学校で起きたマット死事件でも、亡くなった子は集団のなかに入りたいと思ったがゆえに、いじめられても「彼らが喜べば」という気持ちでいじめられていたに違いないと私は想像しています。「いじめられて笑っていた」という報道さえあるからです。

このような集団的ないじめはきわめて危険です。年齢が低ければ低いほど集団心理が強く働き、あっという間にエスカレートしてしまうからです。そのことを考えても、いじめをなくすための学校の対策ははたして万全かどうか、いつも教師は見張っていなければなりません。このいじめの問題については、第2章で日本人のメンタリティとからめながらもう一度触れます。

友だちのつくり方がわからない…

一方で、このようなテレビゲームなどをまったくしない子どもたちもいます。小学校一年から塾へ行かされたり、なかには小学校に入る前から塾に行かされている子たちもいます。

このような子どもたちのなかには、勉強以外にはほとんど興味を示さない子たちがいます。本当に勉強が好きかどうかはっきりしないのですが、ブロイラーのようにせっせと知識を詰め込み、無感動のまま勉強しているのです。勉強そのものに興味があるわけではなく、母親にほめられたい、勉強しないと母親に叱られるのがこわい、塾の先生にほめられたい、塾の先生に叱られるのがこわいというように、大人に気に入られるためだけに勉強しているのです。

一日のほとんどを勉強に費やし、友だちとも遊ばない。ただ机に座り、壁と直面して無表情にせっせと勉強し続ける――。このような子どもたちに対人関係の能力を期待しても、ほとんどむだと言っていいでしょう。私のところへも「友だちはほしいけれど、人に話しかけるのがこわい」「友だちのつくり方がわからない」といって相談に来る有名大学の学生があとを絶たないのですが、こうした育ち方をしていれば無理もないことです。

先ほど例にあげたハイジャック事件の青年のように、対人関係がないまま大きくなったとしたら、はたして社会に入って行けるでしょうか。不安を感じずにはいられません。現に今お話ししたように、有名大学に入っても、人と関係が結べない、人と遊べない、人とチームを組めない、友だちのつくり方がわからない、異性の友だちを見つけられないなどといった悩みを抱える青年はきわめて多いのです。

異性の友だちがつくれないという悩みは、もっと昔、つまり私たちの世代にももちろんありました。今のように簡単に異性に接するチャンスがありませんでしたから、異性に憧れつつもおびえていました。その意味では、私たちの世代も異性の友だちがいないといって悩むことが多かったはずですが、今の子どもたちが問題なのは、「異性」というよりは「人と関係を結ぶ」ということ自体を学んでいないということです。

これは決して言葉で覚えるものではなく、身体で覚えるものです。人間関係は、人と遊ぶことによってしか学べません。その「遊ぶ」という貴重なチャンスをテレビゲームやパソコンが奪い、そして学歴社会はただ単に子どもたちを勉強に追いやり他者との競争に追いやり、お互いが敵となることを強要するばかりです。

また、少子化がいっそう友だちを見つけにくい状況にしています。かくして、今では対人関係の能力の低下は、どの角度から見てもやむをえない状況になってしまっていると言えます。

今の子どもたちに欠けている三つの力

生物学的なステップを忘れてきた私たち

今の日本では、核家族化や少子化などの影響もあり、家庭のなかで子どもを貴重な宝物に祭り上げ、思いどおりにさせてやる、つまり子どもたちに全面的な権力を与え、欲望の肥大化を許してしまっています。その結果、子どもは他人と妥協し合いながら、集団生活を送るということができない子に育ってしまうのです。

実際、「自分が中心じゃなければイヤだ。学校では自分が中心になれない。だから学校には行かない」という小学生が実に増えてきています。だいたい、そのような家庭では母親や祖父母がきわめて過保護で、なんでも物を与え、十分なしつけが行われていないことが多いものです。

同年代の子どもたちと付き合おうとすれば、どうしても時には自分の意思や欲望を引っ込めて人と折り合う、つまり妥協することが必要になります。彼らはその妥協ができないために同年代との接触を避け、家に引きこもり、親や祖父母との接触だけで人間関係が閉じられてしまうのです。対人関係が大人との間にだけ成立し、「同年代の子どもたちの間でもまれる」という経験がほとんどないまま年齢を重ねていってしまうわけです。

しかし、子どもというのは「お互いに妥協し合って遊ぶ」というプロセスを経なければ、やがて不登校にいたるか、不登校が起こらなくても、いずれどこかの時期に対人関係でおおいに苦しむことになってしまいます。

このように、今の子どもたちの間では、小学校低学年の頃からすでに、①対人関係の能力、②感情をコントロールする力、③他人の気持ちを理解する「共感性」の能力という、三つの能力の低下が顕著に認められています。これこそが、今の日本の子どもたちや青年たちの大きな欠陥であり、私たち大人は真剣に「その原因はどこにあるのか」を考えなければなりません。つまり今の日本の青少年たちは、集団としての行動がとれず、その動静は学級崩壊のみならず大学崩壊、会社崩壊にまでいたりかねない勢いを持っていると考えられるのです。

そもそも哺乳類が大人と遊ぶのは、ほんの小さなときだけです。つまり、母親からオッパイをもらうときは必然的に母親と接することになりますが、やがて同じ世代と遊ぶことに喜びを見出すようになるのが自然な発達の流れなのです。

しかし、今の子どもたちの間では、この同世代との遊びが著しく減ってきています。これは、私たちが人間として生物学的なステップをどこかへ忘れてきてしまったということです。

「同世代と遊ぶ」ということは、先ほども言いましたが、相手の気持ちをくむ共感性、自分の感情を抑えなければいけないときには抑えるという妥協ができる抑制力、そして対人関係の能力を十分備えるために、欠かせません。また、同世代と遊ぶことは本来、実におもしろいものですし、彼ら独自の世界のなかでの遊びという創造性を満喫できる貴重なものなのです。

叱ると泣いてしまう若者たち

また、今の青少年はとても叱られ弱く、守ってあげなければやっていけないような人たちが増えています。会社でも、上司に叱られればすぐに泣いたり、翌日出社拒否してしまうというのは、もはや笑い話ではなく現実の問題となっています。そのために、上司は部下をどう叱ったらよいのか非常に気を遣い、疲れ果ててしまうほどです。

私が学会で司会をしたときのことです。ある若い女性医師が研究発表を終えたので、私は会場で聞いている人たちに「何か質問はありませんか」とたずねました。しかし誰からも質問が出てこないので、盛り上げるためにわざと私が質問してみました。それは決してむずかしいものではなく、当然わかりやすく、しかも彼女の能力やよさが目立つようにあえてした質問です。親切心というよりも、もてなし的な対応であったと思います。

しかし彼女は、しきりに汗を拭くばかり。席に戻ってからも、ハンカチで汗を拭いているのが見えました。

その後しばらくして、休憩時間になりました。私も一息入れようと廊下に出たのですが、そこで彼女と同じ大学に勤める知り合いの医者に「おいおい、あまり女性を泣かせるなよ」とふいに声をかけられ、ビックリしてしまいました。つまり彼女は、汗を拭いていたのではなく、泣いていたというのです。

しかし、私は叱ったわけではありません。むしろ彼女を盛り立てるために、親切心から簡単な質問をしただけのことです。それが彼女を叱ったというふうにとらえられていることに、私のほうがショックを受けてしまいました。「やってられないな」と、思わずため息が出たものです。そして企業の人事課の人たちの言葉、つまり「今の青年たちはあいさつもできず、叱れば泣くか、翌日休むかだ」という言葉を思い出したのでした。

「叱られ弱さ」が意味するもの

このような叱られ弱さというのは、何も青年期にかぎったことではなく、すでに小学校の段階から見られます。よくあるのは、たとえば少しふざけてわがままな行動を取っているので先生がちょっと注意したところ、ビックリして泣き出し、家で母親に言いつけるというものです。そこで母親が「自分の子どもが先生にいじめられている」というふうに受け取り、PTAで問題にするなどといったことは、今や実にありふれた話です。

叱られ弱いということは、「学び方の基本的なパターンを身につけていない」ということにほかなりません。何かを学んでいこうとするときには、教えてもらうことが欠かせませんし、時に叱られたとしても、それは当然のことです。したがって、「叱られることを脅える」というのは、「ものごとを学ぶための基本的な姿勢が身についていない」ということなのです。

昔の丁稚奉公をして少しずつ技術を習得していった少年たちにあっては、叱られながら学んでいくのはごく日常的な当たり前の状況でした。それが今や、まったく叱ることができない子どもたちが出現する時代に入ったのです。

しかし、このような叱られ弱い子どもたちも、徒党を組むと少し様子が変わってきます。仲間がいれば、少々先生に叱られても無視し、ひとりが無視すれば、おもしろがってみんなも無視する。こうした逆の現象も見られるのです。

　これは彼らのわがままと親のしつけ不足が原因と言えると同時に、残念ながら、叱り方がうまくない、あるいは叱れない教師が増えているということも事実です。叱れない教師と叱られてもきかない生徒というのも、今の学校ではよく見られることなのです。日本は教師だけでなく医者でも、役人でも、さらに国会議員でも、威張りたがる人が多いのには本当にあきれてしまいますが、そういう人にかぎって中身なき空威張りが多いものです。そんな大人が子どもに何を言ってもまったく空虚です。空《から》権威を振りかざして生徒に言うことを聞かせようとするのではなく、悪いことは悪いと信念をもって叱りつける勇気を持つことが教師には望まれていると思います。

先進国ほど低下しているしつけの能力

昔は自然なしつけがあった

一般に、先進国はしつけの能力が低下しているといわれています。そのために子どもの非行や学級崩壊、あるいは子どもの犯罪が増えているという結果にもなっています。これはアメリカなどでも同じです。また、児童虐待が日本でもきわめて増えつつあることなどを考えても、母親のしつけの能力が低くなっていることは容易に想像がつきます。厚生省によると、児童相談所に寄せられた児童虐待についての相談件数は、九〇年に一一〇一件だったものが、九八年には六九三二件と、八年で約六倍に増えています。

かつて私が幼かった頃のしつけというものは、今から考えると、まったくあってないような放任状態でした。それほどまでに、大人の生活は忙しかったのです。特に母親は家電製品も発達していない時代でしたから、朝の食事の支度から始まって、一日中忙しく立ち働いていました。またサラリーマンも今ほど多くはなく、自営業や農業となれば、母親も働き手のひとりだったのです。

では、あの頃の子どもたちはしつけられていなかったのでしょうか。いいえ、今の子どもたちに比べれば、はるかにしつけられていたと思うのです。それは親だけがしつけをしたのではなく、共同体全体が子どもをしつけていたからと言ってよいでしょう。

また、物がない、食べる物も着る物もないという、何もかもが不足している状況そのものが子どもたちに欲望の抑制を自然に学ばせ、それが自然なしつけとなっていたとも考えられます。一般に伝統を重んじる社会のほうがしつけがきちんと行われており、自由や民主主義を謳歌している先進国ほどしつけの能力が低下しているということは、文化の進歩を考えるときわめて皮肉な現象です。

子どもたちはいつから変わり始めたのか

日本は戦争体験を経たと同時に、戦後の貧しさを嫌というほど味わいました。その頃に結婚した世代、この「第一世代」は現在五十代となった私の、父母に相当します。

彼らは、できるだけ子どもたちに不自由な思いをさせずに育てようとしました。しかし、日本の社会全体が何もかも不足していた時代でしたから、それは無理な話でした。この「第二世代」となる子どもたちは、思う存分オモチャを買ってもらうことも、好きな物をお腹いっぱい食べることもできませんでした。

この第二世代は私のような昭和二〇年代生まれ、あるいは団塊の世代です。この第二世代が親になると、ようやく子ども、つまり「第三世代」に物をたくさん与えることができるようになりました。時代は高度成長に向かいつつあり、食べ物や衣服に事欠くことはなかったからです。

戦後ずっと、私たち第二世代は、物がないという貧しさを嫌というほど味わってきました。それだけに、ようやく物の不足から解放された喜びは相当なもので、その喜びを一挙に表すかのように、第三世代に対してさまざまなオモチャや服、食べ物を浴びるように与えたのです。それによって、第二世代の両親自身が「自分は子どもに思う存分の喜びを与えることができるほど裕福になった」ことを実感し、大きな喜びとしたわけです。しかし、なんでも与えたということが、実は後に子どもたちの欲望のコントロールを失わせることになるとは、彼らも気づきませんでした。

したがって、日本人の感情の抑制力が低下した、共感性が低下した、対人関係の能力が低下したというのは、この第三世代あたりからのことです。小さいときになんでも与えられ、少子化の波が押し寄せてきて子どもに多大な教育投資が行われるようになり、子どものわがままさが顕著になっていきました。

第二世代の親が第三世代に与えた物質的な豊かさというものは、自分がどんなに望んでも得られなかったものです。自分が望んでも手にできなかった反動として、子どもにつぎ込むのですから、どうしても冷静さや良識に欠けた、ただ与えるだけ、ただわがままを許すだけの家庭教育に傾きがちになります。そこには当然、しつけという要素が欠けています。

しかし、本来、親の役目とは「愛情を与えるだけのもの」ではありません。愛情を与えるとともにしつけもしっかりと与え、そのバランスによって社会に出ていくことができる子どもに育てるというのが本来の姿のはずです。第二世代には、残念ながら、こうした冷静な判断能力が欠如した親が多かったわけです。

〝王様〟となった子どもたち

今や第三世代は青年の段階に入っていますが、こうした第二世代のしつけの結果、彼らの多くは対人関係の能力も低く、感情のコントロールの能力も低く、共感性も低いという、前の項で述べた特徴が顕著に見られるようになり、さまざまな問題がふりかかってきています。はたして第四世代でこの反省が行われるのか、親と子が妥当な愛情関係に戻るのかどうかが今後注目されます。

かくて日本は、敗戦をきっかけとした大きな家庭教育の変貌というものが子どものわがままさを生み出し、さらには家庭内暴力や不登校、引きこもりといった問題、青少年犯罪の増加・凶悪化とも結びついていると考えることができます。

さらに、このような経済的な問題だけでなく、父親の力が低下したことや核家族化の影響で母子密着が進んだことも大きな問題です。

子どもは戦後、家庭のなかであっという間に最高権力者の地位を獲得しました。このような母子中心の家庭は、わが国でも戦後になって初めて生じたものです。諸外国では、今でも見られるものではありません。

日本は、世界でも類を見ない驚異的な経済成長を遂げました。今では、物はありあまるほどあります。しかし、その豊かさと引き替えに、この第三世代を中心とする青少年たちは、物の豊かさと心の豊かさのバランスを失ってしまっているのです。いま私たちは、「物が豊かでありながら、同時に心も豊かでありうる」という新たな可能性に挑戦させられていると言えます。

今、父親たちは何をすればよいのか

では、共同体が消滅し核家族化が進むなかで、親たちは何を心掛けて子どもを育てていけばいいのでしょうか。また、過度の母子密着を防ぐにはどうすればいいのでしょうか。一番求められるのは、父親の育児参加です。母親のしつけと父親のしつけは、本来、両方が必要なものです。

母親の叱り方というのは、こまめに叱っているようでいても、よく見ると場当たり的な、感情まかせのものであることが少なくありません。自然な感情として、母親にはまず「叱りたくない」という気持ちがあります。こんなかわいい我が子をどうして叱れるだろうかという気持ちが根底にあり、〝おふくろ〟というように、全部袋に包んで守ろうとしてしまうのです。新潟の少女監禁事件でも同じです。「いいも悪いも、ともかく犯罪者であっても、私の子だからかわいい」という母親の溺愛が事件を呼んだと言えます。

しかし、しつけはこれだけでは危ないわけです。しつけで大切なのは、その子の一〇年後、二〇年後を見据えて、その子がひとりで生きていけるように、社会のなかで自分の居場所を見つけて自立できるようにということを頭におきながら導いていくことです。残念ながら多くの母親は、そこまで考えて叱ってはいません。

一方、父親は世間というものを常に背に受けていますから、やはり「これは社会的に正しい、正しくない」といった判断基準が染みついています。ですから、父親の社会的な目から見たしつけと、いわゆる母親の愛情という二つが連合艦隊を組んでくれれば、子どもはそれほど過保護にもならず、ひ弱な子どもになる恐れもないのです。

しかし現実には、父親は会社へと逃げてしまい、母親は母親で「夫がいなくてもかわいい子どもさえいればいい」として、いびつな核家族に向かってしまっています。今、子どもたちをめぐって起きている犯罪や心の病気といったさまざまな問題の多くは、この弊害に起因しています。

もともと日本人は農耕民族ですから、母性社会です。しかし、かつての日本の家庭は大家族で、しかもいろいろな人が出入りし、母子密着は起こりえませんでした。おじさんやおばさんが来たり、おじいちゃんやおばあちゃんが同居していたり、近所の人もちょくちょく顔を見せに来たりというように、母親が独占的に子どもをかわいがろうとしても、邪魔される状況があったのです。また、それが結果的には子どもがいろいろな人の影響を受けながら成長していくことができて、よかったとも言えます。

しかし、今のような核家族になったら、母子密着を阻止できる力を持っているのは父親しかいません。その父親が仕事へと逃げてしまえば、当然、母子密着はいとも簡単にできあがってしまいます。

うっとりとした母子の〝愛の巣〟

この母親と子どもが父親を排除して、二人だけの世界に入ってしまう状態を「母子カプセル」と呼びます。

「母子カプセル」を防ぐコツは、まずは結婚生活の初めから「夫婦二人で子どもを育てよう」という決意を固めておくことかもしれません。最初から子育ての原則的なルールを固めてしまうのです。実際には育児参加している父親でも、子どもが一〜二歳まではともかく、三歳ぐらいまでには離れていってしまうというのが現状です。

しかし育児は母親、父親は稼げばいいという旧来の考え方が延々と流れているかぎり、母子密着を防ぐことはできません。今やもう、この方法はまったく成り立たなくなっているのです。核家族なのですから、片方が育児の役割から外れたら、バランスを欠いてしまうのは自明の理です。ですから、「夫婦二人で育児をやるんだ」というルールがまずあって、子どもが生まれたときから「母子カプセル」を防ぐというくらいの姿勢がないとだめなのです。

いったん「母子カプセル」に入ってしまった母親と子どもを出てこさせるのは、実際は不可能に近いと言えます。そこはもううっとりとした母子の世界、〝愛の巣〟ですから、よそ者である父親が来たら、「うるさい」ということで排除されてしまうだけです。ですから、まずカプセルをつくらないようにすることが大事です。

また、父親が途中から育児に参加するというのも、今までの流れを知らないだけに危険な面があります。勉強を強要したり、子どもが自分の言うとおりにしない（できない）と激しく怒ったり、暴力を振るったりというように、子どもに大きな負担を強いることになるケースがとても多いのです。やはり小さいときから子育てになじんでいないとむずかしいようです。

いずれにせよ、途中から「母子カプセル」から出すという場合は、慎重に対処しなくてはなりません。中学生頃になってとうとう家庭内暴力にいたり、母親が「もう、こんな世界にいられない」と言ってカプセルから逃げ出し、初めて父親が登場するというケースも少なくありません。しかし母親が出て、かわりに父親を入れてしまうと、これはこれでしばしば大変なことになります。暴力は激しさを増し、そこで対決した父親が負けて引いてしまうと、今度は本格的に子育てから手を引き、反対に子どもが暴君として君臨するといったことすら起きてくるのです。

母親の本能としては、誕生してから二歳頃までは、夫にも触らせたくないような気持ちで子どもを世話しようとするところがあります。二歳ぐらいまでは母親が子どもの育児に専念するというのは、ある意味では、生物として必要な条件とも言えます。しかし、子が二歳頃になったら、アメリカやヨーロッパでは母親は夫のもとに戻っていくのがふつうです。そして、夫婦二人で考え、力を合わせながら育児をしていく。しかし、日本では戻らなくなってしまう母親がとても多いのです。結局そうなってくると、夫もおもしろくありませんし、また母子の間に入ろうとしてもなかなか入ることができません。「入れてくれ」と言って「母子カプセル」をコンコンとたたいても、なかの母親と子どもは二人だけの楽しい世界に浸っていますから、ノックの音が聞こえないのです。仕方がないので夫は会社に行ってしまうわけです。

また下手をすると、父親にとっては会社のほうが居心地がいいということさえ少なくありません。男女雇用機会均等法があるとはいっても、現実には社会はまだ男女平等ではなく、たいていある程度は威張っていられるからです。一方、家へ帰ると、最近は女性でも学歴やキャリアを積んでいる人が増えていますから、妻もそういったものを引っかぶって登場してきたりします。これは男性にとって、正直なところ怖じ気づくようなところがあるわけです。

母親は、まず自分自身が「母子カプセル」から出ないと、子どもはちゃんと育たないということに気づかなくてはなりません。「母子カプセル」から母親が出てくれれば、父親がすぐ側にいてくれるのですから。

軟弱な父親がなぜ、増えているのか

「母子カプセル」が生まれる背景には、父親の力が弱まっていることも挙げられます。その理由のひとつは、今の若い父親たち自身もまた母子密着のなかで育てられたということです。母親と密着した状態で成長すると、男の子は母親をアイデンティファイ（同一視）するようになります。そうすると、いわば〝性的混乱〟が起こるのです。男性女性というアイデンティティーがあいまいになり、自分が男なのか女なのかはっきりしなくなってきて、結局中性的になります。

その結果、母子密着を起こしている妻から子どもを奪って、「おれも親なんだから、子どもを見るんだよ」と強く言い切るといったことができません。また、たとえば「お風呂に入れてやるんだ」などと言ったとしても、妻から「できっこないわよ」「あなたは不器用なんだから、落っことしたらどうするの。やめなさいよ」などと、簡単に母親の腕力に跳ね飛ばされてしまったりします。そして、結局は母子密着を放置することになってしまうのです。

このように母親が父親を排除する側面と、もうひとつ、「そもそも子どもに興味を持てない」という父親が増えているのも事実です。これも一言で言えば、未成熟だから、中性的だから、です。父性が十分に育っていないのです。

女の子の場合は、母子密着によって男の子ほど悪影響を受けることはありません。なぜなら母親と性が同一だからです。女の子はかわいがられるほど、母親をモデルにし、母性が育っていきます。ただし、非常にかわいがる母親をモデルにするのですから、その次の段階ではもっとすごい愛情にパワーアップしてしまい、自分の母親以上に、子どもを溺愛してしまったりするわけです。

一方、男性のほうは育児能力、つまり子どもを育てる、かわいいと思うといった面が育っていきません。母子密着のなかで母親を相手にするかぎり、愛情は一方的にやってくるものであって、自分が母親を愛するという相互作用は起きてこないからです。そのために、「自分から誰かを愛して慈しむ」という感情が育たないのです。

遺伝と環境、どちらが子どもの運命を決めるか

「親がダメだから子どもが非行に走る」のウソ

現在の精神医学では、一般にどんな心の病であれ、「ストレス―素質モデル」に従って考えるようになっています。人間の心のありようは、その人が生まれ持った性質と環境、という二つの要素が関係し合って決まるというものです。ですから、同じストレスを受けても、うつ病になる人もいれば、ならずにすむ人もいるわけです。

同じように、子どもがどんな性格になり、どんな考え方や行動をとるようになるかには、生育環境と遺伝の両方が関係しています。どちらのほうが強く影響するかは、一人ひとり違いますが、両方が関係することには変わりありません。

ですから、たとえ親にしつけの能力が欠けていたとしても、必ずしも問題を起こすよう

になるとはかぎりません。たとえば子ども自身がもともと素質的にしっかりしていたり、あるいは親はだめでも、共同体などでフォローすることができれば、子どもは親に恵まれないという不運を乗り越えることができます。

私が子どもだった頃、近所に父親がアルコール依存症で、暴力沙汰や強盗などで刑務所に何度も入っているという家庭がありました。母親も好き勝手に生きており、子どもの面倒はまったく見ません。

その家には三人の男の子がいました。二番目、三番目はたしかに問題が多く、一緒に遊んでいても、私のものを勝手に盗んで知らない顔をしていたりするような子どもたちでした。ですが、その家の長男は人望があつく、クラスの級長や生徒会長をやり、勉強もよくできるとても立派な人でした。

また、父親が蒸発してしまった別のある家では、母親は目が見えず、ほとんど家事もできない状態でした。そのようななかでも、一人息子はきわめて真面目に成長し、中学を出ただけでしたが、車の整備に関しては誰もが驚く高度な技術を持っており、自らの勤める会社になくてはならない存在になっていました。非常に礼儀正しく、そして理性的な判断を行う人だったという印象が今でも強く残っています。

こうした例を見ると、必ずしも「家がダメだから、子どももダメだ」あるいは「両親がダメだから子どももダメになる」ということは成り立たないことがよくわかります。

親に問題があった男の子のケース

もちろん、反対に「親に問題があったために、子どもに問題が出てきた」のではないかと思うケースもあります。

こうしたケースでもっとも印象的だったのは、私が大学生のとき、アルバイトで家庭教師をしていた男の子のことです。小学校一年生の男の子でしたが、初めて訪ねていったとき、まずその子の部屋にオモチャがあふれかえっていることに唖然としました。しかもその男の子に勉強する気はまったくなく、時間中もほとんど遊んでいます。

そのことを親に伝えると、驚いたことに「あなたは遊ぶだけでもいいんだ」と言います。父親は開業医でしたが、仕事が終わるとほとんど毎晩飲み歩き、夜の一二時頃にやっと帰ってくるという有り様でした。母親もまた、どこへ行くのか、昼間はいつも留守でした。両親にしてみれば、私はその子の家庭教師というよりも、ベビーシッターのようなものだったのでしょう。

彼は遊んでいても、何が気にいらないのか、突然ものを投げ始めたりすることがあり、私がケガをすることさえありました。そして、私に向かって「あれを買ってこい」「これを買ってこい」と、母親からもらったお金で命令します。私が「そんなことはできないよ」「そんなことはいけないことなんだよ」と言っても、買ってくるまでは物を壁にぶつけるなどして執拗に家の破壊を止めません。

このままでは家の人が帰ってきたときに私が叱られるというレベルになって、やむなく妥協するほかありませんでした。内心、私は「こんな子どもとは付き合いたくない」「まったく無秩序なことをするものだ。金があると、かえって子どもはダメになるんだな」などと思いつつ、生活費と学費のために、気分悪くその子の面倒を見ていました。

その仕事は二年ほどで辞めてしまいましたが、その後たまたま、もう二〇歳をゆうに越えた彼に再び会う機会がありました。私は彼の弟も教えていたのですが、その子の成人式のお祝いに呼ばれたのです。その頃は家庭内暴力が激しくなっており、高校も中退して暴走族に入っていました。女の子を自宅に住まわせようとしたりもし、親子ゲンカは激しくなる一方でした。私の顔を見ても、ちらっと見ただけで、あいさつもせずに自室に入っていってしまい、礼儀も温かみもない青年になり果てていました。

こうなった原因は遺伝か環境かはっきりしませんが、私が接していたかぎりでは、やはり家庭環境の悪さが目につきました。遺伝の影響というのは、厳密にはわかりようがありません。おそらく遺伝と環境によって、この家が混沌としたものとなり、それがそのまま彼にも影響し、彼の行動も乱れ、道徳心や人間としての共感性、優しさを失っていったものと思われます。

不幸をプラスに変える人、変えられない人

一方、先ほどの男の子のケースとは反対に、生育環境が悲惨だったり劣悪だったりしてもしっかりと育ち、偉業を成し遂げた人々も大勢います。

万有引力を発見したニュートンは両親に育てられず、祖父母を経て、結局孤児院で育ちました。それでも、あのような天才的な仕事を成し遂げたのです。むしろ不幸があったからこそ、その自分の不幸を克服する試みとして努力を重ね、万有引力を発見するにいたったのかもしれません。

人間の不幸というものを考えると、まさに不幸が不幸としてマイナスに作用する人と、不幸がプラスに作用する人の二つのタイプがいるように思われます。どちらのタイプになるかは、その人の生まれつきの性質にもよりますが、やはりその人自身の意識の持ち方が大きいのではないでしょうか。

ニュートンの場合は、小さいときからいろいろな人の手を渡って生きてきたので、強い人間不信を抱いていました。人間不信を払拭してくれるものは、「絶対に確かなもの」をつ

かまえることでした。つまり、神がいることを証明しようとしたのです。そして、神の描いた世界は、単純な数学的な図式になるはずであるとニュートンは考えました。

そうして始まった天体の研究によって、彼はついに、F＝maで表せる運動の法則を発見し、万有引力を導き出したのです。彼はまさしく、神は素朴な、そして美しい数式で表せる世界を描いたのだと確信したのでした。

こうしたいくつかの例を見てきただけでも、単純に親が悪いから、あるいは家庭環境が悪いから子どもに問題が生じるとは言えないということが理解できると思います。

実際、日常、私たちのまわりにも、両親がなくとも（あるいは両親の愛情に恵まれなくとも）実に立派に生き、創造的な仕事をしている人たちはたくさんいます。ハンディキャップがあるからこそ、人は生き生きとし、それを乗り越えることで力を高め、生きる喜びを味わうこともできるのです。ストレスは一般に〝嫌なもの〟というイメージがありますが、実際にはストレスがまったくなければ、脳の働きはにぶくなってしまいます。私たちにとって、ストレスや困難は脳の活動にとっても不可欠なものなのです。

第2章

「いじめの国」の少年たち

いじめの国、ニッポン

〝お受験〟と大人のいじめ

九九年一一月、東京で〝お受験事件〟などといわれた幼児殺害事件が起こりました。マスコミはさかんに、過熱する小学校受験の世相とからめて報道していましたが、あの事件は〝お受験〟というよりもむしろ被告の「妄想性人格障害」による被害妄想などが主たる原因だと私は判断しています。

しかし一方で、主に私立の幼稚園から小学校、中学校、高校、大学へとエスカレーター式で進学できる、いわゆる〝お受験〟の学校では、やはり私たちの常識からは考えられない世界があるようです。

そうした幼稚園や小学校では、子どもの送り迎えはベンツなどが当たり前だそうです。

ＰＴＡの集まりともなると外車が勢ぞろいし、まるで高級車の展示会かと思われるような様子だとか。さらに、夫の収入はどれくらいか、出世はどうか、会社はどこか、子どものカバンや服のブランドはどこか、母親が身につけているものの値段はどれくらいか――などといった、あげればきりがないような細かなことを取り上げて、生活水準をお互いに査定するのです。そして、その査定よりかなり落ちる家の母親に対しては、いじめが始まります。子どもたちを学校に送ったあと、母親たちは喫茶店で世間話をするのですが、そこで面と向かって差別や悔蔑の混じったことを言われたり、母親同士の仲間に入れてもらえなかったりするわけです。

私に言わせれば、こんな幼稚園や学校には行かないほうがいいのです。自分の中身ではなく、ベンツで勝負するなどというのは、おろかしいだけです。ファミリー・カーや自転車で堂々と行ける学校に行くほうがよほどまともです。

この不景気のさなかにベンツで学校に行くなどということ自体、一家総勢に、あるいは日本総勢かもしれませんが、見栄や虚飾がはびこっており、現実を見失っている証拠です。現実の日本は不景気に悩み、夫はリストラの不安におののいています。いかに大企業でも、リストラの不安は夫につきまといます。そのようななか、のんきに子どもたちをベンツで学校に送り、帰りは喫茶店で虚栄心に富んだ話をしているなどというのは、ぜひ改めてほしいものです。

日本人のいじめは〝村八分〟

ここで思い出すのは、江戸時代の赤穂浪士の事件です。そもそもは浅野内匠頭《たくみのかみ》が勅使接待のしきたりを知らなかったために起きた騒動なのですが、その作法というのは、今の私たちからすれば実にささいなことです。どんな服を着ようとよさそうなものですが、江戸城での作法というものをよく知らなかったために、吉良上野介に公の場での服装についてまちがって教えられ、浅野内匠頭は恥をかきそうになったことから、恨みをつのらせていったといわれています。

これは、今の〝お受験〟につきもののいじめを生み出している考え方と無関係ではないように思います。日本人は歴史的に見ても〝村社会〟で生活してきており、現在にいたるまで、延々と〝村八分〟という現象を繰り返してきているのではないでしょうか。村のしきたりに当てはまらない人や家とは、一切のつきあいを絶つという、この〝村八分〟現象は、ほとんど、今の日本で問題になっているいじめの根本的な有り様と同じものです。

日本人は個人でいることが苦手です。孤独に弱く、いつも人と群れて生きていこうとします。そういう日本人にとって、たむろする仲間のなかにいられなくなるというのは最大の屈辱であり苦痛でもあります。そして、それをすることこそが日本のいじめなのです。

それは幼稚園であれ学校であれ、また母親同士の世界であれ会社であれ、文部省や厚生省を含む役人の世界、教師の世界、あるいは私たち医者の世界であっても顕著に現れるものであり、「村八分のない大人の社会はない」と言ってもいいでしょう。

ですから、大人たちが掲げる「子どものいじめをなくしましょう」というスローガンは実に滑稽です。「まず、私たち大人がいじめをなくそう。〝村八分〟現象から自由になろう」と言うべきでしょう。いじめをしている当人たちが「子どもの世界のいじめはなくそう」などと言ったところで、成功するはずがないからです。

いじめる側、いじめられる側の論理

いじめの原因はどちらに？

日本の公立の小学校・中学校におけるいじめの発生件数は、平成七年をピークにゆるやかな減少傾向にはあるものの、相変わらず無視できない水準にあります。

いじめというものは、実態をつかむことがきわめて難しいものです。子どもたち自身も秘密にすることが多いので、調査データがどの程度、現実を正しく反映しているかは注意深く見守らなければなりません。

総務庁の青少年対策本部が発行する「青少年白書」（平成一一年度版）によると、学校別に言うと、いじめが一番多いのは中学校、次いで高校です。

なぜ中学校で多くなっているのかというと、子どもたちにかかるプレッシャーがもっとも高い時期だからでしょう。高校に行くと、もう「この高校なら、だいたいこの偏差値の大学」「これくらいの大学なら、将来の就職はこの程度」というように、かなり自分のレールの行き先がわかってしまいます。ある意味ではあきらめがつき、落ちつくわけです。しかし今の中学生は、自分の人生の行き先が決まってしまう岐路に置かれていて、強いプレッシャーを受けながら集団生活を送っていると言うことができます。

また、いじめの原因としては「いじめられる人の性格に問題がある」とするのは、男子では三二・六％、女子では二二・六％となっています。次いで「いじめる人の性格に問題がある」とするのが、男子は二三・二％、女子は二五・四％です。そのほか、「学級全体に問題がある」「先生や学校の指導に問題がある」「親のしつけに問題がある」「社会のあり方全体に問題がある」の順で挙げられています。

ここで注目したいのは、いじめは「いじめる人に問題がある」と通常は考えそうなものですが、調査では「いじめられる人の性格に問題がある」と、男子では三人に一人が考えていることです。つまり、男子の間では「いじめる人の性格に問題がある」とする子どもよりも、圧倒的に多いのです（女子では「いじめる人の性格に問題がある」とするものがやや多い）。

これはいじめの対策を考えるとき、十分に考慮しなければならない問題でしょう。

自分の子さえよければ…

いじめを解決しようというとき、いつも困るのは、いじめる側の母親が「自分の子どもは絶対正しい」という〝神話〟をなかなか崩さないことです。いじめの話を持っていっても、「うちの子はそんなことをする子じゃありません」と断言し、「やったから、こうやってここに来ているんですよ」と話しても、「うちの子は絶対しません」と言い張る親がとても多いのです。では、なぜ、そう言えるのかといえば、結局は「私の子どもだから。私は子どもを愛しているし、信じているから」ということでしかなく、現実的な根拠など何もありはしないのです。今は「自分の子どもさえよければいい」という親が実に増えており、そういう親の身勝手さ、倫理観のなさが子どもたちにも伝染しているようです。

神戸の少年Aが、小学校五年の時に自らの性的サディズムに気がつき、母親に「自分は異常ではないか」と打ち明けたところ、「あなたは異常じゃない、正常よ」と答えたといいます。自分の子どもだというだけで守ってしまい、何も考えていないのです。しかし、親はこれではいけないのです。自分の子どもが何を言ったか、何を考えているかということを深く考え、子どもを見つめなくてはなりません。我が子だというだけでかわいがり、あとは見ようともしないというのは親のエゴイズムです。こうした対応では、子どもは一時はホッとするかもしれませんが、最終的な安心は得られないでしょう。

父親はまだ客観的な目で子どもを見ている場合が多いのですが、そのかわり、子どもが大きくなるにつれてだんだんと離れていき、影響力がなくなってしまっている家庭が少なくありません。小学校低学年まではまだ父親が関わっていることも多いものの、小学校高学年、中学生ともなる頃には、目が行き届かなくなってしまっています。

また、いじめる側の子どもたちが、なぜいじめるのかと言えば、「楽しいから」ということに尽きます。いじめで何か（金銭など）を得たいというような目的は二次的なものであり、単にいじめることそのものが彼らにとっては楽しみであり、喜びなのです。遊びであり ゲームですから、「なぜ、いじめるのか」といっても答えはありません。それは遊びたいから、いじめるのが楽しいからです。〝おやじ狩り〟なども、基本的に同じです。もっとも、最近は金銭をたかるいじめも見られますが、これも従来の物盗り的ないじめとは違い、遊びのためのものです。彼らはやはりお金を主の目的としているわけではないのです。

いじめに弱い子どもたち

また一方で、いじめは昔からあったものの、子どもたちの〝いじめに対する抵抗力〟が弱くなったために、いじめが表面化しているという面もあります。つまり、ちょっとしたことで「いじめられている」と思う子どもが多いのです。平凡な、なんということはない会話なのに、本人が非常に怯えているために、受け取り方が被害的になってしまうのです。

先ほども述べたように、今は「母子カプセル」という言葉が生まれるほど、母子密着が進んでいます。カプセルのなかは母親と子どもだけで、そこは完璧に閉じられた世界、母親に守られた世界です。しかも母親と接触する期間が、少子化や核家族などの影響でかつてないほど長くなっています。これほど長いと、「守られるのは当たり前」という意識が染みついた子どもが大勢出てくるのは当然です。

ところが、同じ年齢のグループのなかに入ると、守ってくれる人は誰もいません。そうなると、ちょっとしたことを言われただけで、もともと緊張していますから、すぐに「いじめられている」と思ってしまうのです。「あなたの髪の毛はおもしろい格好ね」「今日の洋服はなかなかセンスいいじゃない」などと言われただけで、からかわれたように感じたりしてしまう。今の子どもたちのいじめ問題に関わっていると、いじめの原因がとてもデリケートでつかみ切れなくなっていることに気づきます。

ただ、弱くなっているのは「いじめられる側」だけではありません。「いじめる側」の子どもたちもまた、ひ弱になっています。

いじめは、誰かが先頭に立って集団でいじめるというのが典型的なもので、これは昔ながらなのですが、変わったのは、いじめる側のボスに付いている取り巻きの人数です。昔はもっと多かったものですが、今はせいぜい率いることができるのは三、四人程度。それくらい、子どもたちにまとまりがなくなっているとも言えます。そして、いじめが四、五人でも十分成立してしまうほど、いじめられる側もひ弱になっているのです。

クラス全員でひとりをシカト（無視）するというケースもありますが、これは今ではむしろ減っています。またあったとしても、都市部ではなく地方でしょう。

死は〝消える〟こと

いじめが原因で、自ら命を絶つ子どもたちがあとを絶ちません。

「武士道とは死ぬことと見つけたり」とあるのは、尚武思想で有名な宮本武蔵の『葉隠』ですが、昔は「いつでも死ねるだけの覚悟はある」というのが美徳とされた時代もありました。しかし、それは自分の主張や正義をつらぬくために死ぬのをよしとしたのであって、いじめがつらくて、つまり何かから逃げるために自害するというのは恥ずかしいと考えられていたと言えます。

今の自殺は自分をつらぬくためのものではなく、逃避の手段となっているようです。「もう死ぬしかない」と思い詰めるほどの苦しみに心が痛むと同時に、なぜ、いとも簡単に今の子どもたちは死ぬことを選ぶのだろうと考える人も多いと思います。

現代ほど、命の値段が安くなっている時代はないかもしれません。これは子どもたちに「自分は生きているんだ」という実感が薄くなっていて、生も死もバーチャルリアリティーのようになっているからです。まるで「死とは隣の部屋にあるもの」というかのようです。死ぬことを「消える」と表現する子もいます。

昔は生きるためには、大変な努力が必要でした。食べ物も着る物も何もかもが不足していましたから、生き抜くために親が苦労するのを間近に見ていましたし、子どもたち自身も家のことを手伝ったり、小遣い稼ぎをしたりといったことが当たり前に行われていました。こんなふうに、生きるための努力があって生きていると、死ぬというのは、自分からはとても遠いところにあるもののように感じるものです。

しかし、今のようになんの努力もしないでほしいものはなんでも得られ、生きられるとなると、生きるということに実感がともないません。生きるということもなんだかはっきりしないけれど、死ぬというのもはっきりしない。だから、死への恐怖やためらいも薄く、「隣の部屋には死がある。ドアを開けたらそこには死があった」というかのように、スッと死んでしまう子どもが増えているのでしょう。

また、現代は「死」というものをなかなか実生活で体験できない、病院でしか体験できなくなっているというのも一因だと思われます。死にリアリティーがなくなっているのです。病院では死へのプロセスが隠され、子どもが対面するのは遺体や遺骨であって、死というものの連続性が見えにくくなっています。病院ではなく家で最期を看取ったのならば、いろいろなことがあって、たとえば何十日して亡くなったという、死までのプロセスを目の当たりにすることができます。そういったものを子どもはずっと見ていますから、死への驚きや実感があり、自然と恐怖心も生まれてくるのです。

「いじめの国」を生き抜く術

親がありあまるほどの愛情をそそいでいたとしても、それで子どもの死を引き止めるということにはなかなかなりません。死を引き止めるには、子ども自身に「自分はこう生きたいんだ。こうやって生きるんだ」という人生設計のようなもの、自分で自分の人生を組み立てていく手応えのようなものがなければいけないのです。

ですから、いくら子どもの先行きが心配でも、「あなたの人生は、みんなお母さんがつくってあげるから」というのは禁物なのです。「幼稚園はここよ。小学校はここ。お友だちはこの人がいいわ」などと、全部セッティングしないことです。それは本来、子どもたちにとっては〝邪魔〟でしかありません。生きるための知恵というのは、言葉で教えることはできないのであって、子どもたち自身がいろいろなぶつかり合いのなかで、時には痛い思いをしながら、身体で知っていかなければいけないものです。そのためには、子どもたちを集団遊びのなかに突っ込んでやり、あとは知らん顔をして、少し離れたところから静かに見守ってやることです。

母親があれこれセッティングしてやるのは、安泰な人生を歩むために役立つように見えて、実際には子どもたちから生きる力を奪うだけです。そうした母親がつくったプログラムを生きるというのは、子どもたちにしてみれば薄い皮をかぶって生きるようなものです。本当に自分のものではない人生を生きるのですから、手応えも弱く、実感も薄くならざるをえません。

日本はいじめの国、いじめが文化の国とさえ思うことがあります。いじめをなくそうとすることも大切ですが、それよりもまず、いじめのからくりを見抜いて「いじめに強い人間をつくりましょう」と言ったほうが早いのではないでしょうか。いじめは、わき出すアメーバーやバイ菌のようなもの。退治しようとしても、なかなか追いつかない。だったら、いっそのことバイ菌に強くなってしまおう。私は機会あるごとにそう言っているのですが、教育関係者にはなかなか理解してもらえないようです。

人間のなかには、少し自分のほうが力があると思うと、弱いものをいじめたくなる本性が備わっています。ですから、いじめられている子どもたちには、次のようにしつけていくことが必要なのだと思います。

「いじめに強くなろうよ。いじめなんていうのは、どこに行ったってある。大人になったってあるものだから、逃げられないんだよ。いじめを吹っかけてきたら、無視してみてごらん。泣かず騒がず、〝ばかなこと言わないで〟って言ってこい。そして泣いて帰ってくるんじゃなくて、堂々と自分の主張をしよう。自己主張ができる人間になろう」というふうに——。

いじめで一番おもしろいとされるのは、ちょっとつつくと、すぐに泣いてしまうような子ども、何も言い返せない子どもだからです。

親や教師はどう立ち向かえばよいのか

その一方で、実際に、いざ自分の子どもがいじめに遭っているとわかったときに、親はどうすればいいのかという問題があります。

対応策は年齢にもよりますが、小学生であれば、たしかにいじめがひどい場合には親が出ていくしかありません。ただし、これは学校の先生とひそかにやることです。絶対にPTAなどで大騒ぎしないこと。母親同士の間で騒ぐと、すぐに子どもたちに伝わりますから、「あの子は気が弱いから、お母さんに言いつけた」「先生にチクった」と言って、またいじめが陰でエスカレートしたり、今度は無視されてしまうといったことが起きてきます。この無視されるというのは、子どもたちにとって最悪のいじめなのです。ですから、親はひそかに対応することが大切です。

中学生くらいになると、残念ながら親ではもう抑えられません。昔は親が出てくればおさまったものですが、今は親が出てくるとかえって混乱してしまいます。それだけ親に信用も権威もなくなってしまっていると言えます。

結局は、学校の先生と、いじめた側といじめられた側の生徒だけで、徹底的に話し合って解決することが望ましいということになります。

私も、しばしば呼ばれてそうした場に立ち会うことがあります。

まず、いじめた側に「君がいじめたっていうことだけど、そんなことがあったの」と聞くと、たいてい否定するか、「自分じゃ、いじめたとは思っていません」などと答えます。そこで、いじめられた側に「君はいじめられたって言うけれど、どういうことでいじめられたの。言ってごらん」と聞きます。そうして引き出した言葉を受けて、「彼はこう言っているけれども、君は本当にそういうことをしたの」と言うと、全部ではありませんが、少しずつ言い分が近づいてきて、ある種のいじめは認めるわけです。

「いじめるってことはいいことかな、悪いことかな」といじめた側に聞くと、「悪いことです」と答えますから、私はこう言います。

「じゃあ、いじめたとするなら、謝ってもらわないとまずいよな。ちゃんと謝りたまえ。でも、あとでお礼参りなんていって、ここで謝ったからもっといじめてやれというようなことがあるようだったら、これはもう、家で待機してもらうような処分になるなあ。たぶん、なるだろう。じゃあ、ここで、文章書きな。いじめをやりましたと堂々と認めてごらん。そして、謝ったからといって仕返しは絶対にしません。もしいじめ返したとしたら、それなりの処分を甘んじて受けますって、書けばいいと思うぞ。書いてごらん。ここに名前、ここに日にちを書いて。朱肉があるから名前の下に拇印を捺して」

ここで大事なのは、「絶対にあとで仕返しをしない」と約束させることです。これがなかったら、話し合いの意味はまったくありません。いじめられたほうも、それが怖いから言わないわけですから、「それが絶対に起こらない」というのを確実にしておくことが不可欠です。

男子であれ女子であれ、いじめは悪いことであり、悪いことをしたら謝るという単純なことをさせる。それだけのことです。本当はこれは学校の先生にやってほしいのですが、今の教師はここまでできない人が多くなっています。生徒に対してズバッと言えない。正しいことを正しいとする理念で押していくことができなくなっているのです。

崩壊する学校とまちがった〝民主主義〟のツケ

ある講演での出来事

学級崩壊がマスメディアをにぎわせるようになってしばらくたちますが、私が教育現場などに関わっていて思うのは、教師たちが本当に怒らない、怒れなくなっているということです。

以前、公立中学校へ講演に行った時のことです。てっきりPTAでの講演だとばかり思っていたのですが、行ってみると、生徒に対してのものでした。「相手が生徒だとすると、何から話そうか」などと戸惑いながらも始めようとしたのですが、とにかく会場がうるさくてしようがないのです。自分のいすを持ち上げてみたり、それを人にぶつけようとしたり、走りまわったり、わめいたり……統制がまったくとれていません。

しばらく静かになるのを待っていましたが、いっこうに静かになる気配がありません。一五分待ってみても、あいかわらずうるさいままです。その頃にはもう、私は会場に校長や教頭をはじめ、生活指導や担任の先生たちがいるのをすっかり忘れてしまっていました。なぜなら、彼らはまったく、生徒たちに何も声をかけないのです。あるいは、何か言っていたのかもしれませんが、どちらにしても生徒たちには効き目がありませんでした。

その日はたまたま『自立を恐れる子どもたち』というビデオを持ってきていたので、まずはビデオを流すことにしました。これで少し静かになるかもしれないと思ったからです。しかし三〇分ほどたってビデオが終わり、いざ会場が明るくなってみると、相変わらずひどい騒ぎのままです。

私はとうとう頭にきて、「君らはなんで威張っているんだ」と怒鳴りました。「私は君らと違って、遊んでいる時間なんかない。ここに来るのだって、いろいろな時間を犠牲にして来ているんだ。騒ぐのなら、出ていきなさい。君らはそもそも、小遣い、洋服、食べ物、みんな人にもらって生きているんだろう。自分で自分なりのことをやって自立しているなら私も認めよう。しかし、まったくそうじゃないだろう……」

などとやっているうちに、気がつくと会場がシーンと静まり返っていました。

本気で叱れない教師

はたと我にかえり、「あれっ、静かだ。どうしよう」と思ったものの、今さら「ところで今日の話は……」という雰囲気ではありません。もう気分をすっかりそがれていた私は、「では、これで私は帰りますから」と言い足早に帰ろうとしたところ、後ろから校長先生が走ってきて、玄関のあたりでつかまってしまいました。そして、何を言うのかと思ったら、「先生、すごいですね。みんな本当に静かになりましたよ」と言うのです。

思わず私は、「何を言ってるんだ。その前に、あそこであなたは何をしていたのか。教頭先生は、担任の先生は何をしていたのか」という言葉が口をついて出そうになりました。そのとき、初めて気がついたのです。ああ、そうか、この教師たちは何もしていなかった。というのは、いつもうるさくて、それが当たり前になっているからだ……と。しかし、実際には、たまたま来た私のような人間が本気で怒ると静かになるわけです。

ある意味で、教育次第で学級崩壊は防げるのではないでしょうか。やはり、教師が自分の教育理念に基づいて、叱るべきときに本気で叱らないから、生徒たちの心に響かないのではないかと思うのです。生徒を強く叱らないというのは、民主主義でもなんでもありません。本当の民主主義とは、根底では「すべての人は平等であり、尊重されるべきである」という原則をしっかりと持ちながら、一方で自分の信念で生き抜くというものです。信念も何もなく、ただそこにいて「みなさん、うるさいですなあ」などと傍観しているだけでは、どうしようもないわけです。

学級崩壊は、もちろん親のしつけ不足からきているところが大きいと思います。しかし、実際に小学生や中学生になり、それを今さらどうこう言ってもしかたないとなったら、学校がとにかく対処するしかないのです。先生方は叱るべきときは叱る、ほめるときはうんとほめてほしい。信念を持って、このメリハリをきちんとつけるのが学級崩壊を防ぐ第一の手だてでしょう。

また、教師が真剣に子どもたちを叱っているときに、PTAの母親たちが「強引だ。暴力的だ」などと言って、騒ぎ立てるのは禁物です。もとはと言えば、親が甘すぎたために、こういう結果になっているのですから、教師が感情や偏見によってではなく、自分の信念に基づいて怒っている限りにおいては、暴言でもなんでもなく、しつけであり教育なのだと理解してほしいと思います。その違いがわからない母親が最近増えているのは、残念なことです。

〝自由〟と〝平等〟のはき違え

今、私たちは戦後の矛盾を総ざらいしているのかもしれません。いろいろな矛盾が全部出てきていて、そのツケをはらっているところではないでしょうか。それがどういう矛盾かと言うと、先ほどもお話しした「民主主義」のはき違えということです。教師も生徒も同じ人間だ、自由はすばらしい――。それはそのとおりでしょう。しかし、「人はみな平等」とはいっても、それは「誰でもみな同じ」ということではありません。人は一人ひとり、個性も能力も違います。背丈が違うのです。いろいろな個性や能力が散在しているのに、それを民主主義の名のもとに画一化してしまう。これは、日本人ならではの特殊な〝民主主義〟です。

教師は教える側、生徒は教えられる側です。これは存在として平等ではあっても、対等な関係ではありません。それを今は生徒も教師も、親もみな「民主主義とは対等であるということだ」と勘違いしてしまっているのです。しかし、これは大間違いです。やはり教えてくれる人に対しては――たとえその人に多少の問題があったとしても――教えられているという立場を念頭におき、敬意を持つのは必要なことです。そうでなければ、「教える」「教えられる」という教育そのものが成立しえないからです。

そして、いうまでもなく、子どもをそういう考え方に導いていくのは、やはり親の役目なのです。親たちは戦後の教育を受けてきていますから、民主主義を尊重する気持ちが強くあります。なかにはそこまで考えておらず、ただ本能的に子どもが大事だという気持ちで叱らない、叱れない親もいるでしょう。しかし今、学校や社会で噴出しているさまざまな問題の多くは、この戦後の日本社会の「民主主義」についての誤解に基づいているのではないかと思うのです。平等を画一化とはき違え、自由を放縦とはき違えてきた結果、子どもから大人まで秩序を失ってしまったのが今日の日本社会でしょう。

真の民主主義や自由というものは、放縦で無責任になっていいということではないはずです。民主主義の裏には孤独というものが厳然としてあります。この孤独に耐えられない者、耐えようとしない者に「民主主義」という言葉を使ってほしくないとさえ思います。また、自由の裏には当然それにともなう責任があります。責任の持てない、持とうともしない者に「自由」などと主張させてはいけないのです。

こうした裏面を理解せずに、表面だけをなぞってきたのが、戦後の日本社会です。欧米のように自ら戦って勝ち取ったものではなく、アメリカから一方的にもらった借り物の思想であるゆえに、表面的にしか取り入れられなかったのかもしれません。

これからの日本では、いっそう個人主義的に生きていくことが求められるでしょう。しかし、個人主義という以上、そこには人としての責任があり、「他人のことも個人として尊重する」という、人への共感性が含まれます。そして、ひとりになっても「孤独は人間の原点である」と思えるように覚悟を決めることが必要です。

そうであれば、村八分にされても堂々と生きられますし、つまりはいじめを受けたとしても乗り越えていく力も生まれます。今の時代は、こうした〝強い子ども〟を育てることが、いじめや不登校の問題を少しでも解決するための、まずは一番早い方法だと私は確信しています。

第3章

三つの事件に見る子どもたちの心

新潟県柏崎市の「少女監禁事件」

九年ぶりに救出された少女

新潟県三条市で行方不明になっていた当時小学校四年、現在は一九歳になっている女性が、二〇〇〇年一月、柏崎市内の男の自宅で九年二カ月にもわたって監禁されていた事件が発覚しました。

この犯人と思われる三七歳の男性が逮捕されたきっかけは、家で暴れたために母親が保健所に通報し、保健所の職員や医師が駆けつけ、彼を病院に連れて行こうとしたことにあります。男が暴れていた部屋に女性がいたため、保健所の職員がいろいろとたずねたところ、この女性が九年前に拉致監禁された女の子であることがわかったのです。彼女は九年間、外へはおろか、監禁されていた部屋から一歩も出ることができなかったといいます。

そのため、保護された当時は運動不足で足腰がひどく衰弱し、よろよろと歩くのがせいいっぱいという状態でした。入院後、家族の付き添いで少しずつ落ち着きを取り戻し、食事もとれるようになると、白くやせこけていた顔もしだいに赤みを帯びてくるようになったと報道されました。

彼女が監禁されていた部屋はこの男性宅の二階にあり、トイレもありませんでした。内階段があり、一階には母親が住んでいたのですが、その母親はこの女性がいたことを知らなかったと話しています。女性は九年もの間まったく外に出られず、今回保護されるまで、その部屋でのみ生活していたといいます。この九年間もその一部屋にいたという事件はきわめて特異なものであり、驚きと強い怒りを覚えます。

男は九〇年一一月、三条市内で当時小学校四年生だった女の子を誘拐し監禁したのですが、その一年半ほど前、八九年六月に柏崎市内で下校途中の小学校四年の女の子を空き地に連れ込み、いたずらしようとしたところを学校関係者に取り押さえられ、強制わいせつの疑いで逮捕されていました。そして執行猶予三年の刑を受けたのですが、その執行猶予期間中にこの女の子を拉致し、自分の部屋に連れ込んだのです。執行猶予中に同じような事件を再び起こすというところに無神経さ、自分が犯した罪に対して後悔の念を持っていなかったことがはっきりとわかります。と同時に、なぜ一年半前にも小学校四年の女の子をいたずらしようとしたという前歴があるのにもかかわらず、警察がこの男を捜査線上におかなかったのか、あまりにも安易な捜査の仕方について考えずにはいられません。

過保護だった男の母親

この男性の性格というのは、どういうものだったのでしょうか。彼の生い立ちを確認しながら、見ていきたいと思います。

彼の父親は、彼が生まれたときには六〇歳を過ぎていました。そして最初の妻はすでに死亡しており、父親より三〇歳近くも若い彼の母親とは再婚でした。

彼にとって、父親はおじいちゃんのようなものだったようです。父親とはあまり深い関係はなく、むしろ嫌っていた節があります。まわりの子どもたちにからかわれたせいもあり、「あんなおじいちゃんのような父親では」というような発言もあったと新聞には書かれています。

また母親は、年をとってからの子どもだったこともあり、きわめて過保護でした。なんでも物を与え、子どもがしたいように生活させていたようです。そのため、自分で人生設計を立てる、あるいは自分から進んでクラブ活動をする、我慢する、耐えるといった側面はきわめて弱く、小学校の同級生の話でも、ほかの子どもよりもわがままで担任の指示に従わないことがよくあり、「担任が怒って『家に帰れ』と言ったら、本当に帰ってしまった。学校に対して、反抗心を持っていたようです」とあります。また、友だちと呼べる友だちは小学校ではまったくいませんでした。中学校でも、あるいは高校に入っても、友だちと言える人はほとんどおらず、母親と二人で過保護のままで生活していたようです。

自閉傾向が強くなっていった思春期

中学校では、親の勧めで、いやいやテニス部に入ったと卒業文集に書いています。文集のタイトルは「三年間をとおして」というものですが、その内容はきわめて暗いものです。少し内容を紹介すると、「僕の中学生生活三年間は、どこかものたりないつまらないものだった。一年生だった頃、両親に勧められて、好きでもないのに庭球部に入った。でも、その庭球部も、入ってまもなく退部した。その理由は、練習をさぼったために、罰として、校舎の囲りを、一二五周しろといわれたからだ。……気の遠くなるような一二五周の言葉を聞いた時、迷わず退部を決意した。……一年が過ぎ、二年生になった。一年生の時に部活をやめてから、僕は他の部には入らず、ブラブラしていた。……こうして、三年間を、とおしてふりかえってみると、おもしろかったようだが、いやな事ばかりの三年間だった」と記されています。

卒業文集に、このように学校がおもしろくなかったということを延々と書くというのはいささかまれなことです。多くはたとえつまらなかったとしても控えめに記すか、むしろこのような嫌な体験について書くのは控えるのがふつうの中学生の姿でしょう。

内容はやや幼稚であり、多少思考の崩れが見られます。このような暗い内容を平気で書けるということ自体にも、いささか幼稚さがうかがえます。また、部活の練習をさぼって叱られただけで、簡単にやめてしまったとありますが、類似の行動は、その後も見られました。

たとえば中学から高校に入るときに、まったくクラブ活動をしたことがないのにもかかわらず、「高校に入ったら野球部のエースになりたい」と言っています。そして「ピッチャーをやる」と言うのですが、まったく野球の経験もないのに、突然申し込むのです。しかし三、四球を投げたところで「もう帰れ」と言われ、結局そのまま野球部をやめてしまいます。

ある新聞では、彼が中学生のときの印象について、同級生だった女性が「思い出そうとしても思い出せない。一言で言うとネクラ」と語っています。また別の男性は、いささか問題な行動を語っています。「授業中、先生の話も聞かずに一心不乱に陰部、性交などの言葉を辞書で引き、蛍光ペンで印をつけていたりした」という発言です。

しかし高校三年頃には、男性もしだいに自分の弱さや性格に気づき始めたようで、卒業してから一〇年後の展望を一言で表す「二五才の青春」という作文のなかでは、ほかの生徒たちが明るい希望や野心を示しているなかで、彼だけは「生活に困らなければ」という自信の欠如した、あるいは希望のない文章を記しています。しかし、それでいて文集の巻末に収められた寄せ書きには「愛一筋」と書いています。生活していく自信もないのに愛一筋に生きようというのもいささか幼稚であり、奇妙な書き方だと言えるでしょう。

社会に出られず引きこもるように

その後、この男性は高校を卒業すると地元の有名企業に就職しましたが、たび重なる遅刻を上司にたしなめられたことが原因で、わずか三カ月で会社を辞めています。

そして、それ以降は職にもつかず、母親が保険外交員をして生活を支えていました。その頃から家庭内暴力が始まり、窓ガラスを割ったり、室内で生卵をぶつけたりしている様子が近所の人に目撃されています。家のなかから怒声や母をののしる声が聞こえたり、真夜中にどこへともなく車で出かけたりといった、奇行や家庭内暴力が目立ち始めたのもこの頃からだったといいます。

近くに住むある男性は、「人に会うのも嫌になったようだった。昼間、顔を見かけることはまったくなくなった」と話しています。近くの住民のひとりは、見かねて母親に男性の入院を勧め、それもたびたびアドバイスしたそうですが、笑って受け流されるのみだったといいます。

この男性は父、母ともに年を重ねてからできたひとりっ子でした。男はこのことにこだわり、幾度となく口にしました。「『なんでこんな年寄りと一緒になったんだ。僕は父親と遊んだことが一度もない』。その父親も約一〇年前に死亡、母親の溺愛ぶりにも拍車がかかり、男は事件を起こしたのである」というようなことが新聞に記されています。たしかに八九年に父親が死んでから、家庭内暴力の歯止めが一気に壊れ、母親への暴力がいっそうエスカレートしていきました。

事件の背景にあった人格障害

この男性は、初めはややネクラな「分裂病質人格障害」だったと考えられます。「人格障害」という言葉は最近たびたびマスコミにも登場するようになりましたから、聞いたことがある方も多いと思います。簡単に言えば、「ある人格傾向が行き過ぎているために、社会に適応できなくなっている状態」のことです。精神障害のひとつとして、精神科の治療対象になります。

分裂病質人格障害の人たちというのは、目立たず自閉的で、家族以外の人たちとは親密な関係を持ちたがらず、またそれを楽しいとも思いません。孤立した行動をとり、日常生活に喜びを感じているようには見えません。親兄弟以外には親しい友人、信頼できる友人がおらず、他人の賞賛や批判に対しても無関心に見えます。また情緒的な冷たさ、よそよそしさ、あるいは平板な感情が見られるという精神障害です。彼はこうした分裂病質人格障害の診断基準にかなっています。

しかし、もちろん、分裂病質人格障害の人たちが必ずしも問題行動を起こすというわけではありません。彼らの多くは、ひっそりと引きこもって人と付き合わずにいるものです。一方、この男性は少なくとも二回、小学生の女の子に犯罪を犯しており、性的に小児愛を持っていたと考えられます。

この点では、幼女連続殺害事件の宮崎勤にきわめてよく似ています。ただ宮崎に比べると、小学生という、もっと年齢の高い女の子が相手であること、宮崎のように子どもたちを殺すということはせず、いたずらしようとしたり自分の家に連れ込んだりしているという点がいささか違っています。また、気が小さいがわがままであるというところは宮崎と似ていますが、この男性のほうがはるかに行動的であり、学校で先生が「帰れ」と言うと家に帰ってしまうなど、反抗心がきわめて強く見られます。

彼は初期は分裂病質人格障害でしたが、しだいに反抗的な側面、つまり「反社会性人格障害」の側面が強くなってきたと考えられます。

反社会性人格障害とは、簡単に言うならば、社会的規範に反した行動をとる、警察に逮捕される原因となるような行動・行為を繰り返し行う、人をだます傾向がある、衝動性が高く、将来の計画を立てることができない、また怒りっぽく攻撃性が高いなどといった特徴を持っています。

彼の場合、攻撃性の高さは家庭内暴力の様子にはっきりと見ることができますし、拉致監禁した女性に対しても頻繁に暴力を振るっていたと報道されています。また、自分または他人の安全をかえりみない向こう見ずな行動が見られる、一貫して無責任である、良心の呵責が欠如しているといったことも、反社会性人格障害の診断基準ですが、こうして見ると、彼が反社会性人格障害の側面を十分に持っていたことが納得できます。

溺愛による未成熟がもたらしたもの

彼の問題としては、対人関係がきわめて少なく、しかもわがままで冷酷、自己中心的で我慢強さに欠けており、現実的な検討能力が希薄で、非現実的なまでの高い自尊心と、それがつぶされるといとも簡単にものごとを投げ出すことなどが挙げられます。部活や会社をすぐにやめてしまうというのはその典型です。

このようなこらえ性のなさは、ひとつには母親の過度な溺愛によるものと考えられます。こらえ性がない、忍耐力がない、将来に対する生活設計がないというのは、母親に一方的に依存し、母親に依存すればなんとか生きられる、社会に入っていろいろな人に指導されたり注意されるのも面倒であるといったようなわがままさに起因しているわけですが、これは母親のしつけが欠けていたことが原因だと考えざるをえません。

幼児期のしつけ、特に小学校に上がるまでのしつけは、その子どものその後の人生に大きな影響を与えます。生きる基本的な枠組みについて、だいたい小学校低学年までにしつけておかなくてはならないのですが、残念ながら、この母親にそのような見識があったとは思えません。

また小学校高学年から中学生までは、同性の仲間たちとグループで遊ぶことが多いものです。それによって、対人関係などの大切な能力が育つのです。しかし残念ながら、この男性にはこのような同性仲間での集団遊びはまったく見られず、ひとりでポツンとしていたようです。授業の合間の休み時間にも、自分の机に座っていたと報道されています。

このケースのような、養育者の溺愛というものは、当然子どもの未成熟を呼びます。先ほども紹介したように、彼の中学生のときの卒業文集はきわめて暗い文章であるとともに、いささか幼稚です。さらに、ふだんは人と交わらないでポツンとしているにもかかわらず、突然「ピッチャーになりたい」と言い出すなど、溺愛された子どもに特有の自己顕示欲、言いかえると自尊心が現実を超えて高いということが見られます。

また未成熟なために同じ年頃の女性、つまり対等な女性に近づくのをおびえます。そのため女性への思いは子どもに向かい、この「小児愛」と呼ばれるものによって、男性は二度も犯罪を犯し、しかも二回目は拉致監禁におよんでいるのです。

この女性が監禁されている間、どのようなことがあったのかということはあまり語りたくないものです。当然、小児愛にもとづく行動が考えられるからです。

しかも二人だけで生活しているにもかかわらず、部屋のなかには、逮捕の一年ほど前までテレビさえありませんでした。まったく情報が途絶えた生活というものが、小学校四年でこの部屋に連れてこられた少女にとって、精神発達上そして知的発達上大きな障害を与えたことは想像に難くありません。

ただ小学校四年生であるだけに、すでに言葉には不自由せず、世の中の基本的な枠組みは身につけていましたし、自分が通っていた学校や家庭の様子、また自分が拉致監禁されたときの様子も記憶していました。三、四歳で拉致監禁される子どもに比べれば、はるかに回復の度合いは高いものと期待できます。

子どもの奴隷と化していた母親

この男性がテレビを買ったのは、主に競馬を見るためだったといいます。それほど、競馬に強くのめり込んでいたわけです。母親が馬券を買いに行かされたり、彼と一緒に競馬を見に行ったといったことも報道されています。

このように、母親は溺愛からずるずると子どもの言うことに引っ張られ、あげくに暴力を振るわれ、奴隷のような存在におとしめられていきました。しかし奴隷のような存在になっても、なお母親は自分の子どもがかわいいと、この男性を守ったのです。したがって、彼の行動が是正される可能性はほとんど見られない状況でした。

一般に家庭内暴力では、母親は暴力を受けても、「自分さえ我慢すれば」と隠しているケースが多く見られます。「パトカーを呼んだり救急車を呼んだりするのは、近所に恥ずかしい」というのです。まして精神科の病院に入れるなどということは、考えることもできません。「子どもの将来に差し支えるから」というわけです。もはや就職や結婚ができる力があるとは思われない状態になっていても、なお母親は就職や結婚ができると信じて病院に入れることを避けるのが大半なのです。

この男性のケースでは、引きこもりのなかから、急にふだん以上に暴力がひどくなり、母親が保健所に通報したのがきっかけで、事件が発覚しました。保健所の職員が駆けつけた時点では大騒ぎし、言っていることも支離滅裂だったことなどから、私はすでに分裂病を発症しているのではないかと案じていました。しかし、治療とともに静穏さを取り戻し、結局一過性の症状だったことがわかりました。

この事件はまだ十分に解明されていません。しかし、私たちが子どものしつけについて考えようとするとき、母親の溺愛がこのような結果にいたることもあると知っておくことは意味があります。

人間は〝本能が壊れた動物〟

この青年は小鳥を飼うことが好きだったらしく、小学校の卒業文集でも飼っていたウグイスのことを書いています。彼は監禁していた少女の食事の世話をし、身体を洗ってやり、衣服も与えていました。小鳥のように飼育していたつもりだったのでしょうか。

人間がかくも残酷な側面を持っていることを知るのは、とてもつらいことです。「しょせん、人間も動物なのだ」と、いやおうなく思い知らされます。

いえ、むしろ動物のほうが同じ仲間を守る本能には強いものがあります。人間は〝本能が壊れた動物〟です。だからこそ、しつけと学習が不可欠なのです。それを「親がなくても子は育つ」などとタカをくくって、しつけをおろそかにする人たちがあるとすれば、それは人間の現実を知らない人たちであり、傲慢だと言わざるをえません。
このように考えると、初期のしつけを充実させること、仲間と遊ぶことが、いかに重要であるかがわかります。どんな事件であれ、そしてそれがいかに凶悪なものであれ、せめてそこからなんらかの教訓を得ないとしたら、私たちの心は救われません。

新潟女性監禁事件——二〇〇〇年一月二八日、新潟県三条市で九〇年一一月一三日から行方不明になっていた当時小学校四年生の女性（一九歳）が、同県柏崎市内で約九年二カ月ぶりに保護された。女性は同市内の佐藤宣行容疑者（三七歳）宅に監禁され、発見されるまで外に出たことがなかった。精神的に不安定だった男性が家で暴れ、母親が保健所に通報したことから事件が発覚。その後、新潟県警が第一発見者は（保健所職員らではなく）警察官だったなどとする虚偽の発表をしたこと、捜査ミスと言うべきものがあったことなども問題になった。

京都府の「小学校二年生殺害事件」

〝疑似心中〟をはかった犯人

九九年一二月に起きた京都の小学校二年生殺害事件*は、容疑者が任意同行を求める警察官を振り切ってマンションの屋上から飛び降り自殺することで、決着を見ることになってしまいました。

私はこの事件の最初から、犯人には学校への恨み、教育への恨みというものが本当にあり、自分はその犠牲になったと考え、自分の人生に絶望を感じて、死のうとしているのだと考えていました。小学校二年生の男の子を殺害したのも、殺人を犯すことで自分も死ぬしかない、自殺するしかないと、追い込むためのものだったと考えています。いわば〝疑似心中〟を強いたと言ってもいいかもしれません。

同年九月に起きた東京池袋の通り魔殺人事件**の犯人にも、同じような心理を感じます。

この犯人は、高校生のときに両親がギャンブルに夢中になって借金を抱え、そろって逃げてしまい、自分ひとりが取り残されました。そのため、成績が優秀だったにもかかわらず高校をやめざるをえなくなり、中退後は大検を受けるつもりだったのですが、社会はあまりにも冷たく、仕事は厳しく、大検を受ける準備さえできなくなっていきました。そして大学へ進むという夢を失った彼は、自分の人生の終わりを感じたのです。その自分を殺すために、つまり自殺するために、彼は無差別殺人という、いわばこれも疑似心中を試みて死への道を選んでいったと考えられます。

これを「劇場型殺人」と筑波大学名誉教授の小田晋氏は言っていますが、そう見てもおかしくありません。まるで、「死ぬ直前に自分という隠れた存在を知ってほしい」と言っているかのようです。私は当然そういう側面があると同時に、そこには「人を殺せば自分も自殺する勇気が持てる」という奇妙な論理があると思うのです。

事件に共通する犯人の特徴

京都の殺人事件の犯人に話を戻しましょう。

二一歳の犯人が学校教育に恨みを持つようになったのは、高校時代にさかのぼります。

彼は小学校、中学校ときわめて優秀であったにもかかわらず、高校に入ってから学力が落ち、そのショックから立ち直れないまま留年し、四年で卒業したものの、もはや勉強はほとんどしなくなっていたといいます。そして高校を出ても、予備校へ行くというのでもなく、ただ慢然とテレビゲームなどに夢中になっていました。勉強はまったくせず、それでいて国立の理科系の大学を二年続けて受けて失敗しています。失敗するのは受験する前から当然わかっていたはずですが、それでも受けたのは母親への義理からか、あるいは虚栄心からだったとしか言いようがありません。

この事件も、ほかの事件と同じように、犯人の対人関係の希薄さがひとつの特徴になっています。小学校、中学校、高校と進むにつれて、対人関係がほとんど持てなくなっていくのです。そして、ひとり家でテレビゲームに夢中になっている姿は、世の中に背を向け、人生を捨て、ただ現在だけを生きている姿であると言っていいでしょう。虚無感も深いものであったと思われます。そして、この犯人は二年の浪人後に自殺を考えたものと思われます。

犯人は「自己愛性人格障害」だった

もともと彼は、「自己愛性人格障害」だったと考えられます。自己愛性人格障害とは、「自分は特別な人間である(特別な才能や美貌を持っている)。だから誰からも賞賛されて当然だし、特別な待遇を受けるべきだ」というような肥大した自尊心を持ち、「他人にどう評価されるか」に非常に敏感なタイプです。

厳密には、次の九つの診断基準のうち五つ以上があてはまる人をいいます。

1 自分を特別重要な人間だと考えている。

2 限りない成功、才気、美しさ、理想的な愛の空想にとりつかれている。たとえば、自分には才能があるからどんな成功も思いのままだし、すばらしい相手とすばらしい恋愛ができると思い込んでいる。

3 自分は特別であって独特なのだから、同じように特別で地位の高い人たちにしか理解されないし、そういう人たちと関係があるべきだと信じている。

4 過度な賞賛を要求する。

5 特権意識を持っている。自分には特別に有利なはからいがあって当然だと思い込んでいる。

6 自分の目的を果たすために、他人を利用する。

7 共感する力に欠けている。つまり他人の感情や欲求が理解できず、認めようともしない。

8　しばしば嫉妬する。また他人が自分に嫉妬していると思い込んでいる。
9　尊大で傲慢な態度が見られる。

このような人たちが「自分は特別である」という意識で生きていくことは、他人が治そうとして治せるようなものではありません。しかし、たとえ本当に特別な才能や美貌に恵まれていたとしても、いつかは破綻するときがやってくるものです。そして、その時期にどう耐えられるかが、彼らの人生に大きく関わってくるのです。本当に勇気があるのなら、自分の問題に直面し、性格が是正されていくでしょう。したがって、人格障害がどうなるかは、人間としての柔軟性しだいと考えることができます。

「ゼロか一〇〇か」という危険な考え方

このような自己愛性人格障害になる原因というのは、欧米と日本では正反対になっています。

欧米の場合には、親の愛情を受けられず、ほめられずに育ったために、逆に「自分は偉いんだ」「自分はすごいんだ」と空想することで、傷ついた自尊心を過大補償してきた結果と見る専門家が多いのですが、日本ではまったく逆です。親の過保護によって、まるで王子さまやお姫さまのように大事に育てられた結果、「自分は特別なんだ」という感覚が植え付けられてしまうのです。

もともとこの問題を取り上げたのは、コフートというアメリカの精神科医ですが、昨今は日本でも若い人を中心にだんだんと増えてきています。特に青年期の出社拒否などは、「この会社は自分の能力を生かしてくれない」「自分の上司は自分よりも能力がないのに、あれこれ命令する。こんなばかなところにいられるか」などという理由で始まり、そんな理由で辞めるケースも増えています。こうした若者たちもまた、自己愛性人格の傾向が強いと言えます。

この京都の犯人も、小さいときに優秀だ優秀だというほめられ方をし、また教育熱心な母親の過保護が自己愛性人格をつくっていったと思われます。それでも勉強の能力と、それからテレビゲームの卓越した能力で万能感を持ち得ていた時期はよかったのですが、高校に入ってだんだん成績が下がると、急に勉強への意欲を失い、生きる意欲も失っていってしまったかのようです。

つまり、彼の頭の中は「王子か、しからずんば乞食であれ」「一〇〇点が取れないのなら、〇点を取る」という絶対二分法的な考え方が支配しており、そして彼はゼロを選んだのです。このような自己愛性人格障害の人たちにとって、先ほども述べたように、信じていた自分の能力が壁にぶつかったときに「どうこらえて乗り越えていくか」が問題なのですが、彼はそれを乗り切る意欲を自ら捨ててしまったと言えます。

このような彼の自己愛は、日本の典型的な過保護から生じたと言えますが、同時に、人と接することが少ない孤独な生活をしていたために、肥大した自尊心を妥当なものに修正するチャンスをなくしてしまっていたことも原因でしょう。

人と遊んでいるかぎり、人と接しているかぎり、私たちは人の話のなかに鏡を見出しているようなもので、自分の姿をある程度、客観的に見ることができます。そして、過度な自尊心や過度な卑屈さを是正するチャンスを持つことになるのです。

しかし彼のように、人と接することなく自閉的になれば、単なる空想の世界のなかにしだいに入り込んでいってしまいます。彼がいとも簡単に小学校二年生の男の子を殺したというのは、この幻想の世界でひとりテレビゲームに夢中になっていて、現実と空想が区別できなくなるような状態に追い込まれていたためとも考えられます。

池袋・通り魔事件の犯人もエリートだった

九九年九月に東京の池袋で起きた「通り魔殺人事件」の場合も、同じように犯人が対人関係が希薄なエリート青年だったという点で、きわめてよく似ています。

先ほども述べましたが、この事件を起こした青年の両親は、彼が高校二年生のときにギャンブルにはまって多額の借金を抱えるようになり、二人そろって家出してしまいました。彼はある意味で、親に見捨てられてしまったと言えます。

彼自身はもともと真面目な勉強家で、大学へ進み、社会で活躍するものと期待されていましたし、また自分でもそれを望んでいました。にもかかわらず、そうした事情で高校二年で中退せざるをえなかったのです。彼は担任教師から「大学検定試験を受けて、大学に行きなさい」と慰められながら、高校をやめていきました。

しかし、この不景気のさなかで仕事を見つけるのはやさしいことではなく、またやっと仕事を見つけても、きわめて過重な労働を要求されます。仕事が終わったあとに大検の勉強を続けるのは、きわめて困難なことだったに違いありません。勉強する余裕もない毎日のなかで、しだいに大学に行く可能性がなくなっていったと思われます。

こうして彼は職を転々としてはすぐに辞め、いっそう対人関係が乏しくなるとともに無口となり、生活はますます孤独なものになっていきました。そして、自分の人生がもはや自分の望みどおりになることはないと読んだとき、彼は自殺することを考えたのに違いありません。そして、無差別殺人事件が起こったのです。

すでに述べたとおり、彼には社会に対する恨みを晴らすと同時に、「人を殺すような大罪を犯せば、自分は当然死ねる」という考えがあったと思われます。ひとりで死ぬ勇気はなく、犯罪を起こすことによって、当然自分は死ななければならなくなるというふうに、自分を追い込もうとしたのです。

同じ頃、山口県下関市でも同じような無差別殺人事件が起こりました。車でＪＲ下関駅構内に突っ込んで七人もの通行人をはね、車から降りると刃物を振りまわして三人を死なせ、一二人に重軽傷を負わせた事件です。

この場合も、犯人の三五歳の男性は国立大学を出た優秀な青年でしたが、やはり職業を転々とし、友だちがおらず孤立し、そして最終的にはあのような無差別殺人を起こして逮捕されるにいたっています。

対人関係がないということは、「社会で生きていく能力を十分に持っていない」ということです。この問題点は多くの人がわかっているものの、今の日本では、そのことへの対応があまりにも乏しいと言わざるをえません。

今まで述べてきた事件はすべて「引きこもり」と関係しています。引きこもりから幻想の世界、家庭内暴力の世界、さらには犯罪の世界へと入っていったのです。

したがって対人関係を健全に保てるということは、犯罪を防ぐためにも、また今の青少年が生きていく喜びを見つけるためにも一番重要なことだと考えられるのです。

＊京都小二殺害事件――九九年一二月、京都市伏見区の市立日野小学校二年生が校庭で首を切りつけられて殺害された。現場に「私を識別する記号→てるくはのる」「日野小にうらみがある」などとする犯行声明が残されていた。岡村浩昌容疑者（二一歳）は警察から任意同行を求められて逃走、飛び降り自殺した。遺留品からは学校教育への不満や人生の不安が書かれ、自殺をほのめかすメモや手紙などが見つかった。

＊＊東京池袋の通り魔事件――九九年九月、東京池袋の繁華街で造田博容疑者（二三歳）が通行人を刃物で刺したり、金づちで殴打して二人を死亡させ、六人に重軽傷を負わせた。現行犯で逮捕された容疑者は「（襲う相手は）だれでもよかった」「まじめに働いているのに評価されず、腹が立った」などと供述。職を十数回転々とし、職場になじめず、「社会に認めてもらえない」という不満をつのらせて犯行にいたったと見られる。

全日空機ハイジャック事件

秀才がたどった転落の道

次に、九九年七月に起きた全日空機ハイジャック事件の例を考えてみましょう。

この犯人は、小学校のときから近所でも評判の秀才で、東京の有名私立受験校に入っています。飛行機に非常に興味があり、将来は航空会社に就職しようと思っていました。しかし有名大学を卒業後、航空会社を何社も受験するものの、みな落ちてしまいます。彼のような秀才が受けた会社すべてに落ちるというのもとても珍しいことです。

あるいは、面接者たちは面接試験を通してなんらかの問題点を感じ取っていたのかもしれません。それは、たとえば協調性のなさといったものではなかったでしょうか。

結局、彼は航空会社をあきらめ、ＪＲ貨物という会社に就職しました。しかし、人とうまく接することができず、孤立したり、あるいはトラブルを起こしたりといったことが頻繁にありました。そして本社にまわってきたときには、本社の人たちとの接触にも困難を感じ、とうとう九六年一一月、入社から二年ほどで退社することになってしまったのです。

その後は、家でぶらぶらするばかりという、引きこもりの生活が始まりました。飛行機の操縦シミュレーションゲームが大好きで、熱中していたとも供述しています。そして、そうした生活のなかで、事件を起こす約一カ月前、男はいかに刃物や危険物を警備の目をくぐり抜けて飛行機のなかに持ち込むことができるか、という内容の手紙を航空会社や運輸省などに出すのです。

一言で言えば、そこに書かれているのは「このような欠点を指摘できるほど、私はよく知っている。だから、私を採用してほしい」ということでした。しかしそれも無視され、彼は「自分で飛行機を操縦してレインボーブリッジの下をくぐってみたい。宙返りをしてみたい」などという幼稚な考えから飛行機をハイジャックし、そして機長を殺してしまったのでした。

「分裂病質人格障害」だった犯人

この事件も、前述してきたいくつかの事件と同様に、犯人がいかに幼稚で人の気持ちを理解できない、また自分が置かれている状況を理解できない青年であるかということが言えます。

彼は小学校・中学校・高校・大学そして会社と、まったく友だちがいなかったと言ってよい状態でした。ここまで孤立した青年というのは、おそらく一見しただけで友だちがいないことがわかるレベルのものです。このような対人関係の苦手な人は、やはり「分裂病質人格障害」と考えられます。新潟の少女監禁事件を起こした男性と同じ人格障害です。

分裂病質人格障害の診断基準を見てみましょう。

社会的関係からの遊離、対人関係における感情表現の限定などの広範な様式で、成人期早期に始まり、さまざまな状況で明らかになる。次のうち、四つ以上が当てはまる。

1 家族を含めて、人と親密な関係を持ちたいと思わない。またはそれを楽しく感じない。
2 ほとんどいつも孤立した行動をとる。
3 他人と性体験を持つことに対する興味が、もしあったとしても、少ししかない。
4 喜びを感じられるような活動が、もしあったとしても、少ししかない。
5 親兄弟以外には、親しい友人や信頼できる友人がいない。
6 他人の賞賛にも批判にも無関心に見える。

7　情緒的な冷たさ、よそよそしさ、または平板な感情を持っている。

簡単にまとめると、人と親密な関係が持てなくて孤立しており、あまり感情が生き生きとしていない冷たい人格というふうに言うことができます。

彼の性格はまさにそのようなものだったと考えられます。ただただ一途に勉強するだけの、性格上の問題を抱えた青年でした。孤独が楽しいかといえば、決してそうではなかったはずです。また勉強が楽しいかというと、ただしゃにむにそのように飼い慣らされてきた、自動的な勉強であったように思われます。

彼はまるで少年が自分の空想を果たそうとするかのように、飛行機をハイジャックし、操縦することに成功しました。しかし機長を殺し、何百人もの乗客が命を失う大惨事となったかもしれない事件を引き起こしたというのが事実です。彼がもし操縦を誤ったとしたら、あるいは操縦を代わる副操縦士が客席にいて、彼の操縦を奪うことに成功するという幸運がなかったとしたら、大変な事故となっていたに違いないのです。

恐るべき孤独を見過ごした社会

彼の場合、単に分裂病質人格障害というだけでなく、精神分裂病の疑いがきわめて濃くあります。おそらく「妄想型分裂病」という診断になるでしょう。

実際、彼は事件を起こしたとき、精神科に通院していました。しかし精神障害ではあっても、このような綿密な計画が立てられること、そしてハイジャックしたときの判断力は決して幻覚・妄想に支配されたものではなかったことなどから、彼には「責任能力がある」ということになりました。

このような精神分裂病と犯罪・責任能力との関係は、最近かなりアメリカ的な考えに移行しつつあります。つまり、犯人が精神分裂病などと判断された場合、犯行時に幻覚・妄想があれば、精神科の医療を受けられる更正施設、つまり医療刑務所に送られますが、犯行時に幻覚・妄想がなかったと診断されれば、「責任能力がある」として裁かれるように変わりつつあるのです。

この事件で私が言いたいのは、言うまでもなく、彼には小学校からこの犯行時にいたるまで、ほとんど友人というものがいなかったということです。この恐るべき自閉と孤立性、人間関係の希薄さにどうして親や教師が気づき、直してやろうとしなかったのか――。問題を気づかせてくれるチャンスというものは、この社会にいるかぎり、いくらでもあるはずです。そして今の日本には、教師も親も本気で心配するならば、子どもに精神科へ通院させたりカウンセリングを受けさせる機会は十分にあるのです。

しかし実際には、親も教師も、勉強ができて偏差値が高ければ、子どもに性格的な問題が多少見られたとしても、あえて何もしようとはしません。ある意味では、とても冷たい社会だと言えます。

周囲が気づくことの大切さ

このような分裂病質人格障害の人たちが自分の対人関係の乏しさに自分から気がつくことはまれです。もし気づいたとしても、まず自発的に直そうとはしません。ですから、親や家族が気づくことがとても大切なのです。問題に早く気づき、早めにカウンセリングに連れていく、あるいは精神科の医療を受けさせることがきわめて重要です。年齢が低いほど治療効果は高くなりますし、人との温かい交流が得られるようになる可能性があります。

しかしハイジャック事件の犯人の場合は、まわりの大人たちが無関心なまま、勉強ができるというたった一つの特権的な長所によって、そのまま成長していくのです。

こうして彼は孤独のなかで会社生活に挫折し、そして精神分裂病におちいっていったと考えられます。

全日空機ハイジャック事件——九九年七月、羽田発新千歳行きの全日空機が無職、西沢裕司容疑者（二八歳）によってハイジャックされた。もともと飛行機に強い憧れを持っていた容疑者が「自分で操縦してみたい」という動機から犯行にいたり、機長を刺殺、その後乗員らに取り押さえられた。刃物の持ち込み方など、犯行の手口が、事前に容疑者が運輸省や警視庁、航空会社に手紙で予告していたものと同じだったことでも話題になった。

道徳を教えない日本の親たち

子どもたちの道徳心が失われている

二〇〇〇年二月五日付の朝日新聞に「文部省が行った国際比較調査」というものが発表されています。それによると、外国に比べて日本は家庭での教育が不十分であり、子どもはほかの子どもと関わりを持とうとしないという現状が明らかになっています。

日本では「友だちのケンカをやめさせた」「いじめを注意した」といった行動を何度も繰り返している子どもは一割もいません。社会のルールや道徳を家庭で教えさとしている親も、項目によっては一割ほどしかなく、ほかの国に比べて極端に少なくなっています。教育関係者の間には「ガンコおやじが影をひそめ、友だち同士のような親子関係が広がって家庭の教育力が落ちた」という指摘があると朝日新聞は伝えています。

この調査は一九九九年一〇月から一二月にかけて、日本・韓国・アメリカ・イギリス・ドイツの五カ国で小学校五年生と中学二年生を対象に実施したものです。日本では東京都の約二三〇〇人の生徒が回答し、諸外国でも都市部の子どもたち約一〇〇〇人が答えています。

このデータからは、朝日新聞も指摘しているとおり、日本の子どもたちの正義感や道徳心に疑問符がつく傾向が読みとれます。「この一年ほどの間に、何度も友だちのケンカをやめさせた」という子どもは、日本では八％ほどしかいません。「ときどきやめさせた」という子をあわせても三割強にしかならず、ほかの四カ国に比べると半分程度です。また、「何度も友だちの相談にのった」「悪いことを注意した」という子どももそれぞれ二割、一割にとどまっています。

親の都合で子どもを叱ってはいないか

もともと日本では、共同体全体で道徳心を守る傾向がありました。家制度、あるいは共同体が存在していた時代には、そうした制度が含む問題点があったにしても、子どもたちのしつけは共同体のなかで自然と行われ、道徳的な規範が育成されたものでした。

しかし、今や共同体はほとんど存在せず、また家庭でも良い悪いという正義感でものを考えるというよりも、自分たちの利益を図ることがまず第一の価値観になってしまい、人のことをあまり考えない傾向が顕著に高まっています。これはかなりの部分が、日本の高度学歴社会に特有の「自分さえ、いい学校に行ければいい」「自分さえ、偏差値が高ければいい」という風潮から生まれた自己中心的な価値観だと言えます。

また日本では、親が子どもを叱るときに「恥ずかしいからやめて」「みっともないからやめて」などと言って怒ることがよくあります。これは、いったい誰が恥ずかしいのかというと、親です。同様に「みっともないからやめて」というのも、子どもを直接叱るというよりも、子どもの行動で親がみっともないからやめてと頼んでいるのです。

これは、子どもに「人に迷惑をかけるからやめなさい」、あるいは「約束を守らないのはよくないことだ」「正しいことをやっていない」といって叱るのではなく、「親の名誉を考えてちょうだい」といって叱っているということです。これでは、親が本当の意味の倫理感を持っていないと言わざるをえません。

〝倫理なき日本〟を作り出している親たち

またこの国際比較調査によると、日本の子どもがほとんど家事をしていないことがよくわかります。「いつも家事を手伝っている」という答えは、洗濯が六％、買い物が七％、掃除が九％となっています。「いつも布団やベッドを自分で整える」「朝自分で起きる」という子も三割程度しかいません。

また、親の様子をたずねたところ、「うそをつかないように」とよくさとす親は、父親で一一％、母親で一六％です。三〜五割程度いる諸外国とは大きな開きがあります。

「弱い者いじめをしないように、とはまったく言わない」という親は、父親が七六％、母親が七〇％、さらに「友だちと仲良くしなさい、とはまったく言わない」という親も、父親が八一％、母親が七〇％に上ります。このような親が七〇〜八〇％もいるというのは、やはり倫理なき日本と言わざるをえません。

一方、「勉強しなさいとよく言う」親は父親で二割弱、母親で四割弱です。これはほかの四カ国に比べてもっとも少ないというのですが、これが現実を表しているデータとは私にはとても思えないのです。特に「勉強しなさい」という母親が四割弱というのは、とうてい考えられません。実際には九割前後の母親が「勉強しなさい」と叱っていると、私は経験から思っています。

このようなアンケート調査では、現実が十分に反映されないこともあることに注意しなければならないでしょう。

なぜ子どもたちは「疲れた」を連発するのか

日本では、子どもが家事を手伝おうとすると、「いいから勉強しなさい。家事はお母さんがやるから」と言うのが、だいたい平均的な母親の態度です。子どもたちはそれにより、「勉強さえすればいい」という考え方を強め、生活に必要な家事をこなす力を養う機会を失うとともに「遊ぶぐらいなら勉強しなさい」ということで対人関係も奪われていきます。

いや、犯人探しはもうやめるべきなのでしょう。日本全体が病んでいるのですから、母親の育児態度にばかり非を見つけようとするのは公平ではありません。私たちは、もはや日本全体が青少年の育成に向いていない風土となっている現実を認め、その上でどうすればいいかを考えるべきなのです。

今の日本の青少年たちほど、「疲れた」という言葉を使う人たちはいません。習い事や偏差値をめぐる競争に明け暮れる一方で、その疲れをいやす遊びは年々減っていくのです。しかも、なんでも打ち明けられる本当に親しい友だちもいないということになれば、彼らの悩みを引き受けてくれるのはただただ母親のみです。そして、母親が子どもの悩みを引き受けるということが子どもの結婚後も持続するとするならば、日本の青少年は人生の大半を子どものままで過ごすことになってしまいます。

実際、日本の若者たちの多くは、外国に行くと、たいてい子どものように見られます。

二五歳にもなって、「高校生ですか」などと聞かれるのが当たり前の風景になっています。これは単に背が低いなどといった民族的な特徴によるのではなく、表情や姿に幼さがにじみでているのです。こうした子どもの母親・父親には、本当に〝社会に出ていける力のある子ども〟をつくろうという意志があるのか、私は疑問に思います。

新潟で女性を監禁した男の母も同じ間違いを犯していますが、親の役割というのは、盲目的な愛情をそそぐことではありません。最終的には子どもがひとりで生きていけるよう自立をうながすことです。塾に通わせるより、友だちと遊ぶこと。学力より対人関係能力を身につけること。この実社会で必要な力の優先順位を取り違えてはなりません。

第4章

引きこもる子どもたち

増え続ける不登校や引きこもり

なぜ、学校へ行かなくなるのか

中学校を中心に不登校、不登校から家庭内暴力、さらに引きこもりにいたるというケースが増えています。文部省の調べ（学校基本調査、九八年度）では、三〇日以上不登校の小・中学生は、九八年度で過去最高の約一二万八〇〇〇人にも上っています。対象者の区分を広げたため、単純に比較することはできませんが、前年より2〜3割増え、中学生で四三人に一人、小学生で二九五人に一人という割合になりました。全体では長期欠席理由の五六％を占め、「病気」の三五％を大きく上まわっています。

私の外来にも、不登校や引きこもりで来る青少年が増えていますが、不登校になるきっかけはいじめが約六割を占めます。ただ、一口にいじめといっても、その内容を聞いてみると、ささいなことが少なくないのです。子ども自身が弱くなっているために、ささいなことをいじめととらえて、学校に行かなくなるというケースが増えています。

また、これは第1章で紹介した中学生のケースですが、「そんなことわからないの」と言った程度のことで一年間もいじめが続き、それによって不登校になったというのも、今の不登校のひとつの典型例と言えます。ささいなことからいじめが始まり、いじめられたほうは対抗らしい対抗もせずに、不登校になってしまうのです。このときは、いじめられたほうが私の外来に来たわけですが、「正直言って、これくらいのことでいじめるほうもおかしいよ。だけど、それで学校に行かないというのも、君の将来を考えると心配だ。自分の力で立ち上がってごらん。がんばれ」といったかたちで励ましました。

不登校の子どもを励ますとき、ただ励ましても意味がありません。逆効果にさえなる場合もあります。だからといって励まさない、つまり登校刺激を与えない（これが文部省の基本的な指導方針ですが）というのも、不登校をいたずらに長引かせるだけです。ケースバイケースで、励まし方を選ぶのが重要なのです。

引きこもりは男性に多い

不登校から引きこもりにいたるケースは、圧倒的に男性に多く見られます。不登校になると、不思議なほど、みな勉強をしなくなり、友だちにも連絡をとらなくなります。それでも、女の子はどこかの時点で社会のなかに戻っていくのですが、男の子はそのままという可能性が比較的高いのです。

なぜ、男の子はそのまま引きこもりに流れていきやすいのかと言えば、社会に出ていくのがこわいからです。一般的に見ても、またいくつかの調査結果でも、今は女の子のほうが外向的で元気がよく、夢を持って生きようとするところがあります。社会は女性に開かれつつあり、また女性のほうが受けるプレッシャーが少ない社会であるとも言えます。反対に男の子は、女の子に対してよりも親や周囲が「いい大学を出て、出世しなくてはならない」というプレッシャーを加えがちです。先に待っているのが、夢を見る余地がない、決まりきった人生というのでは希望が持てなくても当然ですし、かつ大変な重圧を感じるものです。

登校や就職を拒否し、引きこもっている若者たちに、親などが焦って「このままではいけない、なんとかしようとは思わないのか」と問うと、「べつに」などと答えるものです。しかし内心は、彼らも危機感を持っています。ただ、深く考えるとこわくなりますから、心を麻痺させて、焦りを感じないようにしているのです。また、そぶりには現れなくても、本当は寂しいいし学校にも行きたい、友だちに会いたい、というのも本音の部分ではあるのです。

そして、引きこもって何をするのかと言えば、ほとんどは親や先生たちの焦りをよそに、一日中自分の部屋でゴロゴロし、テレビを見ているばかりです。インターネットなどにはまる子もいますが、それは完全に引きこもるようになってからのことで、心のどこかにまだ学校のことが引っかかっているうちは、たいてい何もしようとはしません。

日本の家庭では、一般に小学校三年生頃から子どもに部屋を与えます。ところが、そのために、親の部屋がなくなってしまう場合もあり、親はリビングルームや台所まがいのところで寝ていることすらあります。こうまでも子どもを大事にし、子どもを〝王様〟〝王女様〟に仕立て上げ、そして多大な教育投資をしているのが現在の日本の家庭なのです。

親は「子どもがかわいいから」と言いますが、実は子どもに出世してもらい、名誉と経済的な利潤を得ようとしているというのが本音でしょう。これは親が意識的に考えてそうしているというよりも、無意識的にその道を進んでいるのです。

そして自分の部屋をもらうと、子どもはすぐに「テレビがほしい」と言い始めます。テレビを与えてやると、初めはファミコンだけだったのが、しだいにテレビ番組も見るようになります。やがて家族みんながそろってテレビを見ることはなくなり、子どもは自分の部屋で堂々と王様のごとく、ひとりで好きな番組を見るようになります。大半の母親はテレビを与えると勉強をしなくなるんじゃないかと気が気ではないのですが、子どもの要求を拒むことができず、結局は買い与えてしまうのです。

テレビ付き子ども部屋の危険性

こうして過保護に育てられた子どもたちは、学校へ行けば、親が過保護であればあるほど、ほかの子どもたちと対等に遊ぶことができません。また保護されない状況に不安を感じ、ちょっとしたいじめやケンカで、簡単に不登校になってしまいます。

そして、家に引きこもります。しかし、引きこもってもテレビがある、テレビゲームがある。だから引きこもってもこわくないということになります。さらにパソコンは、インターネットによって、顔を合わせることなく、世界の人と結びつくコミュニケーション手段となっています。パソコン自体はもともと便利なものですが、引きこもった子どもたちがパソコンをマスターすると、何時間もインターネットのチャットで遊んだり、「八時間、マージャンを外国の人とやりました」などと答える青年になったりするのです。

つまり、子どもの部屋にテレビやパソコンを置くことは、子どもに「引きこもってもこわくない」と思わせる状況をつくり出してしまうということなのです。こうして学校は「自分とは関係のないところ」となり、家から外に出ることもなく、いや自分の部屋から出ることもなく、母親や父親が入ろうとしても「入ってくるな」の一言ではねつけます。そして〝王様〟の命令が下ると、両親はそのままおとなしく引き下がってしまい、状況は一向に変わりません。

かくして彼らは万年床のなかで万年パジャマを着たまま過ごし、食事だけは母親がドアの前にそっと置いていく。彼らは食べ終わった食器をドアの前に置いておく――。こうした日々が一年も二年も、ひどい場合には二〇年近くも続き、親は子どもの姿も顔も見ないまま過ごすなどという、奇々怪々な出来事が今、日本の家庭では起こっているのです。

もう一度言いますが、子どもたちに、特に小学校低学年から個室を与えて、しかもテレビを与えるというのはきわめて危険です。オーストラリアでシュタイナー教育を実践している、ある先生は次のように言っています。

「テレビやテレビゲームで遊んでいる子は、すぐわかります。とくに男子に多いのですが、リモコンで操作されたようなぎこちない動きになるし、視線が定まらず、キョロキョロしていて、集中しません。テレビゲームをやっている子は絵を書かせても、普通の人間ではなく、エイリアンみたいなものを書いてしまうのです。親に『こうすべきだ』とは言いたくないのですが、子どものためにはテレビは見せないほうがよいと思います」（横川和夫『もうひとつの道』共同通信社）

さすがにこうまでテレビが普及しているなかで、子どもたちに「テレビを見てはいけない」と言うのは不可能ですが、テレビやテレビゲームの危険性は十分に知っておいたほうがいいでしょう。現実と空想の区別がつかなくなるのも、テレビゲームの影響がかなり大きく、それが少年犯罪と結びついているとも考えられるからです。

父親の無理な一言で引きこもった少年

あるケースでは、父親が「おまえは医者になれ。そのためには、小学校三年から塾に行かなければいけない」と言って、「僕はサッカーがしたいんだ。塾になんか行きたくない」と拒否する子どもをむりやり母親に塾に連れていかせました。

しかし塾の玄関で、彼は「僕はもう学校にも行かないからね」と叫ぶと、逃げ帰ってきてしまったのです。そして、翌日から本当に学校へ行かなくなり、自分の部屋に引きこもって親とも会わない生活になってしまいました。

そうした状況のなかで、彼は小学校高学年くらいからパソコンのハードウェアの組み立てにしか興味がない人間になっていきました。まったく外へ出ないにもかかわらず、通信販売のカタログで秋葉原の電気街では今どんなものが売っているかをよく知っており、母親に自分のほしいものを買ってくるよう命令するのです。それによって彼はパソコンを分解したり、作り直すのが唯一の仕事となっていました。

母親が私のところに、この引きこもった子どもを助けてくれと訪れたのは、彼が二六歳のときでした。もはや私が彼に会ったとしても——、いやまず会ってはくれないだろうし、会ったとしても治療がきわめて難しいことは明らかでした。

実際、彼が外来に来るはずもなく、母親とだけ話をするというかたちで治療を進めていました。あるとき、母親が「主人が二年間、海外赴任することになったのですが、私は子どもが心配ですから、こちらに残ろうと思うんです」と言ったことがありました。

私は「子どもは子ども、あなたはあなた。本当の母子分離をしなければいけませんよ。あなたと子どもは空間的には離れているけれど、心理的にはつながっています。ある意味では、そのことが子どもを苦しめているんです。子どもの自由を奪っていると言ってもいいかもしれません。あなたはご主人と結婚したんですから、ご主人と一緒に海外に行かれてはどうですか。いや、お子さんのためにもぜひそうしてください」と言いました。母親は声をあげて泣きながらも「そうします」と言い、旅立っていきました。

それから二年が経ちました。そして思いがけなくある日突然、本人が私の外来にやってきたのです。これは大変な驚きでした。彼はやっと病院に来れる社会性を身につけたのでしょうか——。その時には、すでに二八歳になっていました。

しかし私は、そのひげもそらない顔を見たとき、分裂病の気配を感じました。はたして、診察の結果、やはり間違いなく分裂病であることが確認できたのです。

彼は母親がいなかったこの二年間、ひとりでいろいろなことをしたと言います。銀行や郵便局、コンビニへも行き、ようやく外へ出るということを覚えたのですが、もはやそれでは遅かったのです。診察の結果、おそらくその前から分裂病になっていたと思われました。

小学校三年生から二八歳まで、二〇年近くもの間引きこもるというのは、私にはまったく考えられない世界です。このような例もあることを考えると、私たちは引きこもりというのはきわめてこわいものだと知っておいたほうがよいかもしれません。

子ども自身が強くなることも大切

あるアメリカ人医師のケース

海外の不登校の例をひとつ示してみましょう。

私の友人で、小学校三年まで日本にいて、アメリカに渡ったジョン・クーという中国系アメリカ人がいます。彼は日本が大好きで、だんだんつたなくなってきてはいますが、今でも日本語を話せます。彼が小学校三年だったときに両親が離婚し、母親と兄とともにアメリカに渡りました。

アメリカに渡ってからは、英語がわからないので、学校に行ってもおもしろくありませんでした。大好きな父親を失ったことも、大きなダメージとなっていました。学校にも行かず、サンフランシスコの大きな公園でひとりポツンと過ごす日が一年ほども続いたといいます。だからといって、母親は何か特別に心配するというのでもなく、ただじっと見守っていたようです。つまり日本と同じような不登校が生じたのですが、母親が日本のように大騒ぎすることはなかったわけです。

しかしあるとき、彼はふと「このままでは母親を悲しませる。母親を困らせてはいけない。離婚して、ひとりで頑張っている母親を見捨てるようなことをしてはいけない。自分も見捨てられてはいけない」という気持ちになり、自分から学校に戻っていったのでした。このように本人から自然に戻るというのは、日本の不登校のケースでは、きわめて少ないものです。

学校に戻った彼は静かに勉強を開始しました。わからない英語も少しずつわかるようになってきて、勉強も少しずつおもしろくなってきたのです。そして中学、高校は順調に過ごしました。

そして、超難関といわれるカリフォルニア大学バークレー校の医学進学コースに進むことができました。さらには、バークレー全体でも上位一%内という高成績でハーバード大学医学部に入学したのでした。彼はそこで四年間を過ごしたのですが、医学部生のなかには、オリンピックのボクシングで銅メダルを取った人、世界中をロシア舞踏でまわっていた人など、さまざまなキャラクターの人がいたと私に話してくれました。これは驚くべきことでした。日本の医学部に入ろうとする青年たちのほとんどが高い偏差値を目指して血眼になって勉強するのに比べ、なんとおおらかな世界だろうかと思ったのです。

〝もと不登校児〟の活躍

私が彼と出会ったのは、カリフォルニア大学ロス・アンジェルス校（UCLA）です。彼はハーバードの医学部を卒業すると、精神科を学ぶために、また母親のいるカリフォルニアに戻るために、UCLAに研修医としてやってきました。ちょうどその頃、私もUCLAに留学していたのです。

彼は非常に親切で、特に私が日本人で日本語が話せるということもあり、すぐに家族ぐるみの付き合いが始まりました。私も彼もすでに結婚して家庭を持っていたのです。彼は医学部に入ったときに、同じ中国人で台湾から来た移民の女性と結婚し、彼女が働いて彼の学費を助けていたそうです。

彼は私たちをいろいろなところに連れて行ってくれたり、たびたびレストランで一緒に食事をしたり、また彼の家に招いてくれたりしていました。子どもたちも彼らの子どもになじみ、私たちは彼のおかげで、異国の地で孤独を感じるということがありませんでした。

研修医が終わる三年目に、彼は「これから医学部長にかけあって、研究助成金をもらうんだ」と言ってきました。私はビックリしてしまいました。日本では考えられないことだったからです。日本であれば、彼のようなやり方をすれば、すぐに却下されてしまいます。日本では教授を先頭に助教授の名前を連ね、さらに外部の有力者の名前を連ねないと、まず研究費をもらえるわけはないのです。

そのようなことを知っていたので、彼が研修医でありながらグラント（研究助成金）をもらおうとするのは、いささか無謀だと私は思っていました。しかし彼はさっさと学部長にアポイントを取って、研究内容を事細かに説明し、グラントを要求したのです。そして医学部長はじっと考えるなり、一言「ＯＫ」と答えたというのです。

こうして彼は研修を終えると、すぐにカリフォルニア大学サンフランシスコ校医学部の助教授に抜擢されました。この出世の早さにも驚かされます。研修医もそこそこに助教授になれるというのは、日本ではおよそ考えられることではありません。日本では本人の実力に関係なく、助手から始まり講師、助教授、そして教授になるという、長い長い年功序列のはしごを登っていかなければならないのです。そのためには教授にいつも気をつかい、いわば〝カバン持ち〟のような生活が長く続くのです。

ここで彼を持ち出したのは、日本の不登校児に比べると、なんと強い不登校児だったかと思うからです。

日本であれば例によって、私もそうですが、不登校の子どもたちをなんとか学校に戻そうとまわりが努力します。しかし彼の場合は、親さえ放っておきました。そのために、かえって子ども自身に「自分でやらねば」という気持ちが自然に起こることになり、学校に戻っていったのです。もちろん、アメリカでもこのような例ばかりではないでしょう。アメリカでは不登校というよりも、勉強が嫌いで学校をやめる子どもが大変な数に上ります。また、日本とアメリカでは事情も違います。ですが、それでも、自分から立ち上がっていく姿はアメリカの自然の風土のなかにあると思います。

ちなみに彼のお兄さんは、日本でも有名なリチャード・クーという経済学の専門家であり、テレビや新聞でもたびたびコメントしている人物です。

不登校を克服したユング

本来、しつけは親が特別なことをしなくても、まわりから――自然風土や社会風土から――自然に身につけられるのが一番自然なかたちであり、強力なものだと思います。しかし現代の日本では、この自然なしつけを作り出す風土が消えてしまっています。つまり、親が「しつける力」を身につけないと、子どもはまったく社会のなかで生きるための規律を知らないまま社会に入っていくことになってしまうのです。

先ほど述べた私の友人である中国系アメリカ人医師は、不登校の問題を自分で解決していったわけですが、動機は「親を悲しませてはいけない」というものでした。そのあたりはいかにもアジア的です。また経済的に豊かではなかったことや、アメリカの社会的な風土が自分で立ち上がることを奨励するものだったために、自然と親を思いやる気持ちが芽生え、また自発的に立ち直ろうとする意欲も育っていったのだと思われます。

ユングというスイスの精神科医も、小さい頃まわりになじめず、いじめられることが非常に多かったといいます。そのため、ユング少年は学校に行かない方法を考え出しました。学校に行く時間になると、突然倒れてしまうという、失神発作を起こすのです。

発作を起こすといっても、どこまで自分の意志で起こしているのか、自然と起こってしまうのか非常に微妙なものでした。こういう症状を現代の精神医学では「ヒステリー性失神」（失神発作）と呼んでいますが、当時は「てんかん」と考えられていました。そして、てんかんは不治の病とされていたのです。

困り果てたユングの両親はあるとき、「このままずっと学校へも行かず、働くこともできないで家にいることになったら、どうしたらいいのか。お金もかかるだろうし……」と相談していました。ユングはそれをそっと盗み聞きしていたのですが、思いがけない事の重大さにビックリしてしまいました。

そして彼は、「親に面倒をかけてはいけない。なんとかしなければ」と決心するのです。それからは頭が痛くなっても、それによって失神発作が起こらないように懸命に努力するようになりました。そして、数カ月後には発作はまったく起こらなくなったのです。ユングは朝早くから勉強し、瞬く間に勉強でも能力を発揮するようになっていきました。

かくてユングの場合も、自らの力で治そうとしたことで不登校から立ち直っていったのです。

「親なんて関係ない」日本の不登校児たち

日本の不登校児たちは、いったん「学校に行かない」と言ったなら、親が何を言おうと行きません。親がどれほど懸命に説得しても動こうとしません。親に迷惑をかけようがかけまいが、そういうことに対して、全体的な見方が欠如していることが多いのです。

我が子が学校へ行かない。それも高校中退で終わろうとしている。学校に行かないなら行かないで、それでは就職する気はあるのだろうか――。親はやきもきしますが、だいたいは本人に働く気はありません。また、しばらくぶらぶらしてもいいから、いつか会社に勤めるだけの気力が出てくるだろうかと言えば、その保証もありません。天井を見ながら、自分の部屋でゴロリと横になったまま、部屋の外にはただ無意味なテレビの音かＣＤの音楽がもれてくるだけ。どの家でも、不登校児はだいたいこうして過ごしています。

「このままでは親に迷惑をかける」といって、自ら不登校を治そうとする気概は、今の日本の子どもたちにはほとんど見られません。親にぶらさがり、将来も考えず、現在を生きるだけで、なかには親を困らせることにむしろ快感を感じているという、悪意すら感じるケースもあります。

もちろん、自分が非力なために行けないという子どもたちもいます。しかし、単に親を困らせてやろう、学校を困らせてやろう、友だちを困らせてやろうというケースも少なくないのは、いかにも残念なことです。これは、日本ならではの反抗の仕方でしょう。

日本の場合、親も教師も「とにかく学校だけは」ということで、行かせたがります。それほど行かせたがっている学校に「行ってやらない」となれば、親も教師も大変嘆くのを子どもたちはよくわかっているのです。親たちもまた、心配するわりにはきちんとした対応をとらず、オロオロしているばかりというのが目立ちます。

これはつまるところ、「不登校児には登校刺激を与えるな」という文部省の方針が対応を遅らせ、いたずらに解決を遅らせているということになっているのです。いったい文部省は、どう責任をとるつもりなのでしょうか。

〝学校恐怖症〟から引きこもりに

文部省は「不登校には登校刺激を与えない」という指導方針を打ち出しています。しかし実際には、今の日本では登校刺激を与えなければ、子どもたちは登校するようにはなりません。登校しなければ、当然学力は落ち、友だちも失います。こうなると、今度は「学校に行くのがこわい」という〝学校恐怖症〟になってしまいます。そしてその間、友だちもいない、遊ぶ相手もいない、勉強しないことへの焦りもあるとなると、やがて家庭内暴力が発生するのです。

しかし、もっともこわいのは、自分の部屋にただじっと引きこもるようになってしまうことです。それによって社会的な適応力を失い、社会に出られない人間を作り出してしまうからです。二〇代も後半になると、対人関係の力をいかに磨いて社会に出ていこうとしても、なかなか就職口も見つかりません。特に男性の場合は厳しいものです。

一部の精神科医や教育評論家などのなかには、「今の学校教育はおかしい。行きたくないという子どもたちのほうがまともだ」と主張する人たちがいます。それも一理あるでしょう。しかし、不登校の子どもたちのほとんどは、本音では学校に行きたがっているのです。これまでたくさんの子どもたちの治療に関わってきましたが、それが私の実感です。

本当は行きたい、だけど行けない。そういう子どもが目の前にいたとき、学校へ行けるように導いてやり、背中を押してやるのは当然のことではないでしょうか。たしかに今の学校にはさまざまな問題があります。しかし、それでも本人が行きたがっているのならば、助けてやるべきだと思います。それを先のように主張したり、登校刺激を与えるなというのは、どうかと思わずにはいられません。

親にできること、できないこと

小学校低学年に多い、母親と離れるのがこわいという「分離不安」からくる不登校の場合、解決はある意味では簡単です。本来は、就学年齢になるまでにある程度の自立心が育ち、母親から離れてひとりで学校へ行き、そこで自分の生活を築いていくという強さが身についていることが望ましいのですが、そうなっていない場合は、まず母親と一緒に登校するところから始めます。最初は教室へ一緒に行く、しばらくしたら教室の前まで、それにも慣れたら今度は校門のところで別れるというように、少しずつ自信をつけさせながら、母親から離れることに慣れさせていきます。

中学生くらいになると、やはり母親よりも第三者、精神科医などの治療者が関わったほうが解決は早くなります。というのは、それくらいの年齢になると、母親との関係がすでにできあがっているので、母親が何か言っても「お母さんの本音はこうでしょ」というように見抜けるようになっているからです。「成績なんてどうでもいいから、とにかく学校へ行ってらっしゃい」と言ったとしても、「ウソつき。本当は恥ずかしい、情けないと思っているくせに」などと反抗し、言うことを聞こうとはしません。

ですから、治療者がなかに入り、まったく新しい人間関係、信頼関係をつくり、そのうえで「こういう考え方もあるんだよ」「こう考えたらどうかな」「学校へ行かないのはいいけど、中卒で社会に出るとこんなに厳しいんだよ」などと、子どもの様子を見ながら、さまざまな言葉をかけていきます。また、そうしてたくさんの会話を交わし、打ち解けていくなかで、子どもたちはポツリポツリと「本当は学校へ行きたい」「本当はこういう理由で行かないんだ」と本音を漏らし始め、初めて涙を見せたりもするようになるのです。

また、不登校にいたる原因で多いもののひとつに、成績が低下し、そのために親、特に母親の愛情が来なくなってしまったと思うことから、学校に行かなくなるというものがあります。子どもは愛情が得られなくなったと思った時点で、ある意味で自暴自棄になり、「もう学校へも行かない。家に引きこもってやれ」といった気持ちになります。ただこれは怒りに駆られてのものであり、本当にそうしたくてそうしているわけではありません。

引きこもりが長期化してしまったときは、私は早めに精神科医などに相談し、開放病棟に入院することをすすめます。そこでいろいろな人と交わるなかで、対人関係を学び直すのです。人と言葉を交わすところからはじめ、だんだんと人の気持ちもつかめる共感性を養っていくのです。また長期化している場合、強迫性障害（あたりの物がみな汚く見え、手を洗い続けるなどの強迫行動や強迫観念がある）や分裂病、醜形恐怖（一九ページ）などを発症しているケースも多いため、そうした意味でも早めに専門家に診てもらうことが重要です。

一〇代、さらに二二、三歳を過ぎても引きこもりを続けると、職に就くのもむずかしくなります。今度は本人が立ち直ろうとしても、社会のほうでなかなか受け入れてくれなくなってしまいます。そういった意味でも、早めに専門家に相談することがいっそう大切になるのです。

第5章

若者たちを蝕む心の病

少年たちに増えている「人格障害」

「人格障害」は一八歳以上？

現在、日本の精神医学界では、DSM-IV《ディーエスエムフォー》というマニュアルが代表的な診断体系として用いられています。これは米国精神医学会が作成した精神医学の診断マニュアル『精神疾患の診断と統計の手引き（第四版）』の略称ですが、日本やアメリカに限らず世界各国で、精神医療の現場や精神医学の研究論文において用いられているものです。

第3章でも説明した「人格障害」というのは、DSM-IVにある精神障害のひとつの区分で、その診断基準が適用されるのは「成人期早期（early adulthood）」、つまり一八歳以上となっています。

そのため、少年たちは対象からはずされ、実際には人格障害と同じような状態を見せていても、除外されてしまいます。その点で、この診断基準には児童や少年たちへの配慮がいささか欠けており、診断基準としてはまだ発展途上にあると考えてよいと思われます。

つまり、精神科の診断基準としてアメリカや日本をはじめ、世界各国で定着してはいても、あまりマニュアル的に考えて判断をゆだねてしまうのは危険だということです。実際、アメリカでは少年の人格障害に関する研究は多く、事実上は「一八歳未満であっても人格障害になりうる」と認めています。

たとえば、今、日本でも若い人たちに急増している「境界性人格障害」、つまりボーダーラインについては、すでに二〇年も前からchildhood borderline（小児のボーダーライン）という言葉が使われており、研究も盛んに行われています。つまり、研究の現場では、ボーダーラインというものを「一八歳過ぎてから生じるもの」とは考えていないのです。これは、私がふだん患者さんを診ている経験からいっても、十分うなずけます。

当然、ほかの人格障害の診断も現実の状況に照らすべきであって、DSM-IVの診断基準にある「成人早期」という言葉にこだわりすぎてはならないと思います。

実際、人格障害には全部で一〇ありますが、どの人格障害であっても、一八歳になる前から生じている場合がほとんどです。誰が考えても、大人になってから急に人格障害になるなどという不連続なことが起こるわけがありません。

少年Aの場合

たとえば、「反社会性人格障害」というものがあります。これは、時には逮捕につながるような反社会的な行動を繰り返しながらも良心の呵責をいっさい感じず、他人の苦しみを感じることができない、反省しないといった特徴を持つ人格です。DSM-IVでは、これも一八歳までは診断してはいけないことになっていますが、私はその矛盾が、神戸の少年Aが逮捕されてから受けた精神鑑定の結果にもよく現れていると思います。

神戸の少年Aは、一八歳未満であるということを除けば、反社会性人格障害の特徴をほぼ備えていました。残酷で哀れみの気持ちがなく、共感性が乏しく、うつや不安という感情を持たない。人を操作することがきわめてうまく、だますのもうまい。一見魅力的な表面をとりつくろうことができる——。このような、反社会性人格障害に特有の人格特性を少年Aは備えていたにもかかわらず、年齢が一八歳に達していない（当時、一四歳）ということで「行為障害」と診断されたわけです。

行為障害というのは、人や動物に暴力を振るう、盗みをはたらくなど、問題になる行動を繰り返すというものです。つまり、少年Aについては、放火やケンカ、万引き、不登校、動物虐待といった行動上の問題だけを取り上げて診断したわけです。

しかし精神科の診断、特に人格障害の診断にあっては、本人が起こした行為だけで診断するというのはあまりにも素朴なやり方です。あくまでも、人格傾向を心理学的に明らかにすることが、まず第一に優先されなければいけないものと思うのです。

さらに、多くの研究者が、将来犯罪者になる人は、すでに少年期からその傾向が現れていると述べています。そのことを考えても、一八歳になるまでは反社会性人格障害と診断できないというのは大きな欠点です。さすがに幼少期にはないとしても、少年期からすでに反社会性人格障害の特性を十分備えていることは、神戸の少年Aに限ったことではありません。したがって、DSM-IVにある「成人早期」という言葉は、カッコつきで考えておく必要があります。そうでなければ、少年の人格的な障害について論じることができなくなってしまうからです。

不登校に多い「回避性人格障害」

たとえば、最近増えている不登校にあっては、小学校低学年では、ほとんどが母親から離れるのが不安だという「分離不安障害」が原因です。しかし、同じ学校に行かないのでも、小学校高学年、中学校、高校さらに大学にいたれば、主に考えられる原因は「回避性人格障害」となります。

回避性人格障害というのは、不安や恐怖感がきわめて強く、「自分が人に受け入れられるかどうか」に非常に敏感です。自分が受け入れられないと思われる場所に行くのをひどく恐れるため、不登校や出社拒否の人に多い人格障害です。こうした現実から判断するかぎり、回避性人格障害にも、やはり「成人早期」という制限を置くことはできないのです。そのほかの人格障害についても、ほぼ同じことが言えます。

犯罪に見る「人格障害」の恐ろしさ

少年犯罪で多いのは、「反社会性人格障害」で、次いで「境界性人格障害」（ボーダーライン）、「自己愛性人格障害」と続きます。

しかし、一般に境界性人格障害の人たちは攻撃性が自分自身に向かうことが多く、反社会性人格障害のように他者に向かうわけではないので、犯罪率は反社会性人格障害に比べるべくもありません。自己愛性人格障害については、他者に怒りが向かっても、ふつうは暴力を振るったりしません。

だいたい犯罪者は反社会性人格障害を主体にして、境界性人格障害と自己愛性人格障害のどちらか、またはいずれかと合併していることが多いようです。

反社会性人格障害には、かなり遺伝性が認められており、もちろん家庭の混乱——特に父親のアルコール依存症や幼児虐待など——といった環境要素も大きく影響します。

一方、日本の若い人たちに増えている人格障害は、境界性人格障害や自己愛性人格障害などで、その背景には、少子化、母親の過保護、集団遊びの不足などがあります。

この二つの人格障害のどちらか一方でも、反社会性人格障害に加わった場合、反社会性人格障害の特徴がより前面に出てきやすくなります。その結果、反社会性人格障害もやや増える傾向にあります。

具体的な犯罪の例で考えてみましょう。

まず、神戸の少年Aについてです。私の診断では、彼は性的サディズムを主とし、年齢が一四歳なので反社会性人格障害と診断することはできないものの、その人格特性を十分に持っていたと考えられます。

そして、幼女連続殺害事件を引き起こした宮崎勤の場合には、中学、高校、そしてその後は、典型的な「回避性人格障害」でした。その内向的な性格ゆえに家業を継ぐことができず、深い劣等感にさいなまれていました。しかし、彼を溺愛する祖父がいることで、危うく生きる根拠を得ていたのです。その祖父が死んだとき、彼は存在の基盤を失ってしまいました。その頃から奇妙な行動が一過性のものとして現れるようになり、さらに小児愛、屍体愛に向かい、最終的には反社会性人格障害にいたったものと考えられます。

少年犯罪の真因を見きわめるために

私たちは少年犯罪を見る場合に、犯人にはたったひとつの人格障害しかないと見ることはできません。実際には、多くの人格障害がその時々に変化したり、あるいはオーバーラップして存在しているケースが多いからです。

したがって少年犯罪においても、初期の段階ではどのような人格傾向だったのか、それがまったくほかの人格障害などに移らずに、反社会性人格障害にいたったのか、あるいは回避性人格障害から反社会性人格障害に移ったのか、それとも childhood borderline（小児のボーダーライン）から自己愛性人格障害と反社会性人格障害を合併するにいたったのか、というふうに流動的に見ることが重要なのです。

アメリカの研究では、すでにほとんどの人格障害が少年期・思春期に見られることを実証的に示し、その重要性を強調しています。再度言うことになりますが、今現在の状況を考えたとき、ＤＳＭ-Ⅳが人格障害を一八歳以降にしか認めないということが今では大きな問題となっているのです。

自己愛性人格障害

人を愛せない若者が増えている

　今は、人を愛するのが非常に難しい時代になっているようです。母子密着のなかに長い期間置かれて大事に大事に育てられた結果、「自分が一番」「他人よりも自分を愛したい」というエゴの強い若者が増えています。また幼い頃から受け身で愛されるばかりでは、「愛する」という能力は育ちません。

　そして、それが行きすぎると「自己愛性人格障害」と診断される状態になります。診断基準は九一ページを見てください。これを見れば、精神医学的には実際にどういうものを自己愛というのかがよくわかると思います。

　自己愛が強いこと自体は、それほど問題ではありません。「自分はすごいんだ」と思っていても、他人から「ナルシスト」呼ばわりされていても、ある程度の思いやりがあって人の気持ちがわかり、バランスがとれていればいいのです。しかし、自己愛傾向が行きすぎて、他人の気持ちや立場を思いやる共感能力が低くなると問題です。

共感能力なしに、人間の世界を生きるというのは不可能です。自分の能力を過大に評価して、自分は特別なんだという感覚があるだけなら、まだいいと思いますし、タレントのように、そういう感覚が必要な職業もあるでしょう。しかし、それに加えて「人の気持ちがわからない」という特徴が顕著になった場合は、自己愛性人格障害と呼びます。

自己愛性人格障害は、圧倒的に男性、それも二〇歳以上の成人がほとんどです。なぜ、男性に突出して多いのかというと、これも幼児期からの親の関わり方が関係しています。

女の子のほうは、小さいときから自己愛をつのらせるといっても、「私って、かわいいでしょう」あるいは「きれいでしょう」というように、とても表面的な部分でのことが多いのです。これは少なくとも、ある程度の年齢を迎えれば、ほとんどが通用しなくなる種類のものです。

一方、男性の自己愛というのは〝全存在〟が対象になります。能力、容貌、生まれなど、すべてを含めて「オレは特別だ」というわけです。ですから、表面は意外に淡々として見える、または見せているのですが、実は「オレに任せておけばなんでもできる。おまえたちはオレをそういう目で見ろ」と思っています。よく見るときわめて自尊心が高く、威張っており、「人には文句を言わせないぞ」という考えがあるのです。また彼らは冷たく、自分によって傷つく人がいたとしても、そういうことは全然気にしません。こうした複雑な性格構造ですから、二〇歳を超えてある程度の年齢にならないと顕在化しないのです。「自分が一番えらい」と思っていても、実際には人の立場に立てない、人の気持ちを汲まない人間がリーダーになどなれませんから、自然と孤立してしまいます。

日本の場合、自己愛性人格障害のほとんどが、母親の溺愛や過保護から生じています。愛されるばかりで育ったために、他人の気持ちになって愛するという能力が育っていないのです。第3章でも述べたように、この特徴が顕著に現れた例が、京都の小学校二年生殺害事件の犯人で、もっと言えば、最近のいわゆる〝異常犯罪〟を起こす若者たちは、ある意味でみなナルシストだと言えます。

新潟の少女監禁事件の犯人など、自分しか愛しておらず、人のことなどは物扱いです。京都の犯人も、自分が受験に失敗したのを教育のせいだなどと主張し、殺人にいたっていますが、言うまでもなく非があるのは彼自身であり、それを転嫁して子どもを殺し、やっと自殺する気になったというのは、とんでもない自己愛の現れです。

また、自己愛に凝り固まるのは、親の養育態度に起因するとともに、最終的には「劣等感の裏返し」という面もあります。

男性と女性の〝自己愛〟の違い

自己愛に基づく犯罪が増えていますが、その犯人は見たところ、みな男性です。では、男性の犯罪と女性の犯罪とでは、どう違うのでしょうか。たとえば、和歌山県で起きたカレー毒物混入事件の林真須美容疑者を見てみると、彼女は「演技性人格障害」です。自己中心的で他人を思いやる共感能力が欠如している点では同じなのですが、言ってみれば犯罪のあり方が浅薄なのです。

演技性人格障害というのは、以前は「ヒステリー人格」といわれていたもので、自己中心的で、非常に他人を誘惑するのが上手な人格です。ただし感情的な表現はオーバーでも、中身はなく、表面的です。目立ちたがり屋の子どもがそのまま大人になったようなもので、どちらかというと、ただ目立ちたい、注目を浴びたいという感じなのです。

しかし、自己愛性人格障害の犯罪者たちはもっと頭が働き、周到です。自己愛性人格障害は二〇歳過ぎ頃から発症しますから、世の中を結構知っているのです。また実際、自己愛傾向が強い人間、ナルシストになる人というのは、多少能力がある場合が多いということも言えます。

一般に「ナルシスト」というと、どうも日本では演技性人格寄りの人たちを指して言っているようです。見るからに自己中心的で、自分のことしか考えていない人というのは、この演技性人格なのです。自己愛性人格の場合、相手のことを考えているような体裁を取っているのですが、心の奥底では自分のことしか考えていません。こちらのほうが複雑で、もっと入り組んで屈折しています。

ある青年が自立するまでのケース

自己愛性人格障害の治療は容易ではありません。治すためには、まず自己愛に気づかせることが必要ですが、自己愛が強いというのは自尊心が非常に高いということであって、その自尊心の高いところを指摘するわけですから、非常に傷つきます。そうして傷つきながらも、自分を見つめ直し始めたところで慰め、前に進んでいくように手助けします。それには信頼を勝ちとる十分な時間が必要です。

たとえば、以前、有名私立大学を卒業後、三年間も定職につかず、ただ家にいるという男性が外来にやってきたことがありました。父親が「いい加減に働け」などと言っても、自分は思想・哲学を勉強しており、思想家として何かを書いてデビューしたいからと言って、就職せずにいるわけです。それが二年、三年と過ぎ、四年目に入ると、さすがに父親がなんとかしなくてはというわけで、私のところに相談に来させたのでした。

初めて来たときに、まず彼は自分が書いた論文を私の前にポンと置いて、「先生、私はこういうものを書いています」と言います。私はそれには反応せず、「君はどうしてここへ来たのかな」と聞くと、「それはまあ、父が行けと言ったから来ただけのことで」というように、木で鼻をくくるようなおざなりな返事しか返ってきません。

翌週、またやってきた彼は、部屋に入るなり「先生、読んだ？ 読んでくれました？」と連発し、そのことしか頭にないようでした。私はもちろん読んでいましたが、正直言って、彼の論文はデリダやニーチェなど、やたらに著名な哲学者たちの引用ばかりで、オリジナリティがまったくないのです。

私は、「もっと自分の本音を書けよ。わからなきゃわからないでいいんだから。無理をするから、こんな背伸びした、中身は空っぽな文章になるんだぞ」と、彼の前で論文を広げながら率直に言い、「でも、まあよく勉強したじゃないか」と軽く言うと、彼は少しムッとした様子で「勉強したって、どういう意味ですか」と強い口調で追及してきます。

こうして彼が私に本当のことを言わせたくなるような流れをつくるわけです。

「じゃあ、言うよ。君は単に人の本を読んだだけで、まだ十分に咀嚼しているとは思えない。これは引用だけでき上がった論文であって、非常に残念だけれども、私はすばらしいと思わなかった」

「先生はわかっているんですか、本当に」

「私は私なりにわかっただけだよ。そもそも君自身、論文のなかで〝思想というのは自分が生きるためのものだ〟と書いているだろう。しかし実際には、君は親の金で生きている。人の金で生きているのに、思想なんて言うのは滑稽だと思わないかい。自分自身で生きて、自分が自立したところで生み出した思想じゃなかったら、なんの意味もないだろう」

彼はしばらくじっと考えていましたが、やがてこう言いました。

「つまり、先生は働きなさいというんですね」

「そうだよ。働くっていうのは大変なことなんだよ、半端じゃできないよ」

「わかりましたよ、働けばいいんでしょう」

「そうだ、働いてくれ。働いて、そのときにまた何か書けば、もっと深みを帯びたものになるだろうね」

こうした会話を交わしたあと、彼は帰っていきました。その日は家に帰ってから荒れて、酒を飲んで玄関や壁を壊したといいます。

次にまた来たときには、いろいろなことを彼なりに納得ができたようでした。

「先生、わかりましたよ。自分は威張っているけれど、本当は劣等感が強くて、だからこういうことをやっていたようなところがあるんですよ」

と、今度はかなり正直に話してくれました。

私が「よく気がついたじゃないか。で、これからどうするんだ」と聞くと、「何でもいいから働きます。ともかく、これからコンビニにでも行って探します」と言って、帰っていきました。

それから一カ月ほどアルバイトを続けたあと、彼はフリーで雑誌の仕事を始め、やがてその出版社の正社員になりました。こうして彼は自立していったのです。

治療者は勝たなければならない

このように、自己愛性人格障害の場合、まず現実を超えて肥大した自尊心を少しずつ、ゆっくりと壊し、それを立て直すときに手伝ってあげるという方法で治療していきます。

もうひとつのタイプを紹介しましょう。この男性は三十歳で、やはり無職でした。彼らはだいたいが無職です。つまり、自分が恥をかくようなことをしたくないという思いが強く、そのために世の中を避けるというところがあるのです。

彼の場合は、外来にやってきて、「先生に治していただきたい。もう先生しかいないんですよ」といった言い方をしてきました。つまり「私は特別な人間だ。その特別な私を診る人は特別でなければいけない」と思っているわけです。そして名前の知られた精神科医を次々と挙げ、「実は○○さんに診てもらったんですが、あれはもう単なる生意気な人ですね。理屈も何もあったもんじゃないし、あんなところへ行ったたって治るわけはないですから、行くのをやめました」といった調子でまくしたてるのでした。また、自分と付き合いのある有名な脚本家の名前を挙げ、「あの人は立派な人ですよ」などと言います。

私が、「で、今日はどうして来たのかな」と聞くと、「働こうと思うのですが、どうもその気になれないんですよ。うつ病かなあ」などと言います。著名人の名前が続々出てきた時点で、私には自己愛性人格障害だと察しがついていますから、治療方法を見つけるためにも、しばらく威張らせて話を聞くことにしました。

そのうちに、彼はしびれをきらします。

「先生は聞いてばかりで、何も言わないじゃないですか。これではなんのために来たのか、わかりませんよ」

「そうだね、そのとおりだね。でも、なんで私は何も言わないんだろうね」

「そんなこと、私に聞かないでください。自分のことでしょう」

「うーん、君は何か自分の自慢話ばかりしているから、口を挟むのがかわいそうだと思って、何も言わないいんだよ」

ぎょっとした顔をする彼に、続けて「あなたはそんなに偉い人たちとお付き合いして、だからなんだというんですか」と言うと、「別になんということはないですけれども」と少し口ごもってしまいました。

「それは結局、あなたが〝自分は特別な存在だ〟と、私に売り込んでいるに過ぎないんですよ。それでは、本当に治りたいのか治りたくないのか、さっぱりわからないじゃないですか」

そのあたりで彼は黙ってしまい、しばらく考えたあと「わかりました」と静かに言いました。

ここから本格的に治っていくプロセスに入るのです。

このように、自己愛の人を治すにはある程度気落ちさせ、いわば〝うつ〟にすることが必要なのです。そして、そこから立ち上がろうとするとき、彼らは本当の一歩を踏み出すわけです。

ただ、いつ相手をへこませるかというのは、タイミングの見きわめが大変重要です。しばらくは、じっと相手の話を聞いている。そして信頼感ができあがったところで、じわじわと攻めていく。中盤戦からが勝負なのです。そして最後に、「この治療者はばかにできないな。自慢してばかにしてやろうと思っていたが無理だ」というところまで持っていかなくてはなりません。つまり、治療者が最終的に勝たなければいけないのです。これは実際には、こちらにとっても相手にとってもかなりきついものがあります。

家族や同棲している恋人など、一緒に住んでいる者が相手を治そうとして、こうしたプロセスを作り出そうとしても、それは無理です。分析というのは、一緒に住んでいる者同士の間でできることではありません。やはり、専門家のところへ行かせなくてはならないでしょう。

子どもの病的な自己愛を防ぐために

子どもが自分の背丈に合った自尊心、妥当な自己愛を持てるように育てるには、しつけを欠いた溺愛をそそがないことのほかに、「修正能力」を育てることがあります。

今のアメリカ人にも自己愛性人格が多いのですが、ある程度以上の階層になると、自分だけを中心においた自己愛というのは「品が悪い」ということで子どもに許しません。ですから、彼らはいつも自己修正をしています。子どもに修正能力があれば、たとえ自己愛が多少強くても問題はそれほど起きないのです。しかし、安っぽいところから生まれた自己愛は修正がききません。

自己愛性人格障害から犯罪にまでいたった例で、まず思い出すのは、オウム真理教（アレフと改称）の松本智津夫（麻原彰晃）被告です。彼はもともとは妄想的で非常に疑い深い、目が不自由なことなどからいつも人を疑っているような性格でした。それが、ある時点でひっくり返り、「自己愛性人格障害」になるわけです。自分は能力があるからなんでもやれるという思い込みで、結局ニセ薬を売って逮捕されてしまいます。それがさらにエスカレートし、最終的には「自分は神だ」ということになり、神秘的な考えにとらわれやすい「分裂病型人格障害」へ、さらにパラノイア（妄想性障害）に移行していきます。

また自己愛傾向が強い若者に、最近多い特徴は、ある程度〝成功組〟〝勝ち組〟にいた、あるいはいる人たちだということです。彼らは自我肥大といって自尊心が肥大し、なんでもできるような錯覚を起こしてしまうのです。たとえば有名大学に入っただけで威張り、そのくせ友だちがいません。気がつくと私のところへやってきて、「友だちがほしいが、話しかけるのがこわい」「どうすれば、友だちができるのか。対人関係が結べるのか」といったことを、相談するわけです。

私が「ふつう、そういうことは小学校から中学校ぐらいで悩むものだよ」と言うと、「その頃は勉強していましたから」という答えが返ってきます。「そうか、君は人類と向き合うよりも、机に座って壁と向き合っていたんだものね。無理もないか」と冷やかすと、「先生、そんなに言わないでください。結構苦しんでいるんですから」と言われたりします。

結局のところ、私たちの心の喜びというのは、人との交流のなかにあります。人との親密な関わりなしに生きていくのはむなしいものです。また人と交流してこそ、私たちは生きる意欲も、生きていくために必要な知恵も得られるということを、忘れてはなりません。

境界性人格障害(ボーダーライン)

「過保護型」と「愛情飢餓型」

衝動的で気分が変わりやすく、虚無感が強い。ふいにカッとなって怒りをコントロールできなくなり、攻撃的になる面と、ひどく落ち込んですぐに死を考えたりする面が共存している——。今の青少年の間で激増している、こうした人格傾向を「境界性人格障害」(ボーダーライン)と言います。専門的な診断基準はもっと厳密で細かいものですが、大ざっぱに特徴を説明すると、こういった感じになります。

私が〝ボーダーライン的〟な子供たちに初めて接したのは、もうすでに二〇年ほど前のことになります。「ボーダーライン」をもっと正確に描写すると、非常に衝動的で気分変動が激しく虚無感が強く、アイデンティティーが混乱しており、自分の怒りをコントロールすることができないということになります。対人関係が不安定で、時にはストレス性の被害妄想や心因性の健忘が生じることもあります。また、とても重要なこととして、幼児のようなきわめて強い愛情欲求を持っているということも大きな特徴です。

強い愛情欲求を持つようになる原因には、幼児期に親の過度の愛情を受けた「過保護型」と、幼児期に親に虐待された「愛情飢餓型」があります。アメリカは後者が圧倒的に多く、日本では逆にほとんどが「過保護型」です。

また、たしかに愛情は与えてもらったけれど、単にものを与えるだけの愛情だったり、両親が不仲でケンカが耐えず、家庭に不安が充満していたりといった環境で育った場合も、ボーダーライン的な人格になりやすくなります。

ピアニストと大学教授の息子のケース

あるピアニストの母親が、高校を中退したという子どもを連れてやってきました。とても端正な顔だちの子で、しかもスポーツマンらしく身体はがっしりとしており、いかにもスマートな雰囲気をただよわせていました。

彼は「自分は覚醒剤をやっていましたが、手を切りたいのです。どうか入院させてください」と頭を下げて言いました。母親も「この子はとても優しい、いい子なんです。でも一度、友だちに勧められて覚醒剤をやってしまってから、たびたび手を出すようになってしまって……。そのために街でケンカしたり、私ともトラブルが多くなってしまったんです。どうか少し入院させて、覚醒剤を断つように指導してください」と、きわめて丁重に頼みます。

覚醒剤がらみの患者というのは、どこの病院でも嫌うのが現実です。そのとき、私が勤務していた病院でも、「やめたほうがいいのではないか」という意見が多く、看護婦さんたちも拒否感をあらわにしていました。しかし当時、まだ若かった私は「なんとかしようよ。まずかったら、すぐ退院してもらえばいいんだから」と言い張り、説得してまわりました。彼の父親は有名な大学教授で、私も少し知っていました。そのこともあって、よけいに「なんとかしてあげなければ」と思ったのです。

彼はもの静かな少年で、病室で読書をしたり、早くも友だちを見つけて楽しそうに話していたりと、最初は何も問題はありませんでした。看護婦さんたちも、「あら、意外にいい子なのね」などと言っていたものです。

しかし、大学教授である彼の父親が病院に来ることはありませんでした。両親は、彼が幼い頃にすでに離婚していたのです。また、父親は教育学の専門家でしたので、あまり無造作に会わせると、プライドを傷つけてしまうという気づかいを私たちも持っていました。

ただ、それにしても一度も面会に来ないという父親の冷たさには、「いったい、どういうつもりなのだろうか」と、思わずにはいられませんでした。

一方、母親はピアニストでしたが、こちらは完全に彼の奴隷のような状態でした。何か持ってきても、彼に「そんなものはいらないよ。持って帰れ」と言われれば「はい、わかりましたよ」と、一言も叱らずに引き下がります。まったく、母親を母親として見ている子どもの態度ではありませんでした。見ている私は、「なぜ母親は、自分の自尊心を持とうとしないのだろうか」と疑問を抱かずにはいられませんでした。

子どものしつけ方がわからない母親

概して音楽家というのは、自分の音楽を磨くのに大変な時間と努力を割くため、たしかに子どもを育てるのに向いていない人が多いものです。また、幼い頃から練習に明け暮れているため、家事も苦手、学校の勉強も中途半端という場合が少なくありません。

このように子どもの頃から音楽の道をめざす人の家庭というのは、その能力が最優先されており、それ以外の能力というのはほとんど見てもらえないため、子どももまた、いっそうその力を上げることに尽くすことになります。しかし、実際にプロの音楽家としてデビューできるのは、ごく一部の人です。そうした人たちはともかく成功し、苦労が報われたとしても、大多数はそうではありません。多くのものを犠牲にしてきたのにもかかわらず、です。

彼の母親も、たまにリサイタルがあるとはいっても、ほとんどはピアノ教室で得る収入で生計を立てていました。もちろん別れた夫からの慰謝料も入ってきますから、生活には困っていませんでした。しかし、ピアノ中心で育ってきた彼女は、母親として子どもを育てるのにはまったく向いていなかったと言えます。

彼女はこれまで人に世話してもらうことはあっても、「人の世話をする」という立場に置かれることがほとんどなかったために、子どもの世話をするという、そのやり方がわからないのでした。

しかも彼女はひとりっ子だったので、母親から一方的にかわいがられるばかりで、家のなかでは小さいときから女王のような存在だったわけです。この〝女王〟に子どもをしつけられるはずもなく、彼女自身、「子どものしつけに失敗した」ともらしていました。

親のケンカで、不安定な家庭環境に…

この夫婦はもとはとても仲がよかったのですが、結局ピアニストの母親のほうが夫をうまく立てることができなかったために、次第にいさかいを繰り返すようになっていったようです。もちろん、今の若い世代では男女同権となり、妻が夫を立てるということはあまり見られなくなっています。しかし、この夫婦の年代ではそのようなかたちでないと家庭がうまくいかないというのは、ごく一般的なことでした。

しかし、夫を持ち上げる、言い換えれば自分ではなく、夫を中心にしてやるということも、〝女王〟のように育った母親にはいささか荷が重いことだったのです。そのために夫はいつもイライラして妻にあたり、ケンカの絶えない家になっていきました。彼の幼児期、思春期の家庭環境はとても不安定なものだったと言えます。

彼が高校を二年で退学になったのは、覚醒剤を友だちとやっていたからという理由でした。しかし、高校をやめたからといって何をするあてがあるわけでもなく、家でブラブラしているばかりで、結局また覚醒剤の世界に入っていくことが多かったといいます。

ともあれ、彼が落ち着いた入院生活を送っていたので、私たちはホッとしていました。

彼も、「ここはいい病院ですね。今までの自分の生活を振り返って、これからは納得できる人生にしたい」と、本当に真面目な顔をして話してくれていたのです。しかし、私たちは職業柄、そうした真面目な言葉でも、どこか信用しきれずに聞いているところがあります。それは私であれ看護婦さんであれ、同じでした。

突然豹変した少年

そしてある日、とうとう〝事件〟は起きました。

病棟で騒ぎが起こっているというので急いで行ってみると、彼がシャドーボクシングのまねをしながら、「覚醒剤を出せ。病院には覚醒剤があるんだ」と騒いでいたのです。まったく突然のことでした。若かった私は、まだ覚醒剤患者を扱うことに慣れていなかったため、突然の彼の豹変ぶりに驚きました。

覚醒剤をやったことがある人は、あるとき突然――たとえばコーヒーを飲んだりコカ・コーラを飲んだりすると、あるいは家でお酒を飲んだりすると――、「フラッシュバック」と呼ばれる症状に襲われることがあります。フラッシュバックが起こると、覚醒剤をやっていたときと同じような感覚に包まれ、理性を失い、幻覚を見たりします。まさに、このフラッシュバックが彼に起こり、覚醒剤を要求してきたのでした。それは今までの信頼関係をすべて破壊するものでした。私が説得しようとしても、返ってくるのは「うっさいなー、おまえは！　どけっ、早く覚醒剤を持ってくればいいんだ」という叫び声だけでした。

結局、彼には病院から出てもらうしかありませんでした。これは私にとっても、実に苦い経験でした。

彼の養育環境についてはすでに述べたとおりです。このように両親のケンカが絶えず、不安の多い環境というものは、彼の成長を妨げていたに違いありません。また、いくら母親に甘えても本当の甘えにはならない、安心できる甘えにはならなかったと思われます。母親自身、子どもに安心できる愛情を与えるキャパシティに欠けていたと言えるからです。このような中からボーダーラインが生じてくるのです。

彼が、覚醒剤に手を出すようになったのも、単に友だちに誘われたからということではなく、やはり刹那的で衝動的なボーダーラインだったからだと思われます。覚醒剤を別としても、もともと問題の多い少年でした。ケンカが絶えず、傷害事件も起こしています。また、いったんカッとなって怒り出すと止まらず、家でも暴れて物を破壊したりといったことはしょっちゅうでした。母親はなすすべもなく呆然と立ちすくむだけだったのです。

さらに彼は甘えが強く、いつもガールフレンドなしにはいられませんでした。母親にもずい分甘え、お金をもらうときなどはベタベタするくらいでしたが、しかしどこかで「母親には頼れない」という気持ちがあり、ほかの女性にその愛情を求めていたようです。

覚醒剤も、ほとんどは女性とのセックスのために使われていたといいます。そして覚醒剤を手に入れるために母親からお金をせびり、あるいはケンカをして相手からお金を巻き上げるなどという行動が見られていました。今から考えると、ふつうの病棟ではとてもみられる患者ではなかったとつくづく思います。

彼のような覚醒剤がらみの患者の治療は、実はとてもむずかしいのです。フラッシュバックがいつくるか、なかなか予想できないからです。

母親自慢の高校一年生のケース

また私が四〇代の頃、高校一年生の男の子が家庭内暴力ということで入院してきました。彼の家も母子家庭で、母親が彼を育てていました。父親はギャンブル好きで酒好き、結局これでは家庭が成り立たないということで離婚になったといいます。まだ彼が二歳頃のことでした。

彼は学校でおもしろくないことがあると、家で物をぶち壊し、母親や弟に暴力を加えます。それがあまりにもひどいので、入院してきたわけです。一見した印象は実に幼い感じで、また少し常識に欠けているところがありました。

聞いてみると、小さいときからひとり遊びが多く、近所の子どもとは遊ばなかったといいます。絶え間ない父親と母親のケンカから逃れて、ひとり静かに遊んでいたということだったようです。

また勉強が好きで、勉強ばかりしていたといいます。彼にとっては、勉強もひとつの遊びだったわけです。自然と勉強がよくできるようになって塾でも注目され、有名高校に合格し、塾の先生たちからも今後を期待されていました。

しかし受験校というのは、彼と同じように勉強のできる子たちが集まるため、彼の存在はしだいに目立たなくなっていきました。その頃から家庭内暴力が始まり、だんだんとエスカレートしていったのです。入院後は、病院から高校に通うようにし、時に休むこともありましたが、だいたい毎日きちんと行っていました。

それでも時々、学校でわざと目立つような行動をして、問題になることがありました。やはり中学校までは、誰からも認められ、ほめられていた存在だっただけに、まったく目立たないというのは耐えがたかったのでしょう。しかもやや常識に欠けたところがあるために、突然ばか騒ぎをしたり、他人を不快にさせたり、しらけさせたりするような悪ふざけをしてしまいます。入院前はそれがもっとひどく、当然クラスでは浮いた存在で、孤独でした。入院前に不登校が多かったのは、それも原因のひとつでした。

ある夜の出来事

ある晩、私が当直している夜に高校生同士のケンカ騒ぎが起こりました。夜の九時頃だったでしょうか、すでに消灯時間となり、病院内は暗くなっていました。

騒ぎのきっかけはある二人の男子生徒、B君、C君がA君をからかったことでした。B

君、C君は軽い気持ちだったようですが、A君は激怒し、二人をめちゃくちゃに殴ったうえ、「殺してやる！」と言って追いかけまわしたのです。二人は必死で病棟内を逃げまわっていました。

彼らの騒ぎにはあきれるばかりでしたが、A君のカルテを見ると、すでに傷害事件を二回も起こしています。とすると、このケンカはただではすまないかもしれない、「殺す」と言ったら、本当に殺すつもりかもしれないと思いました。

まずB君、C君、この二人を助けるのが先決です。看護婦さんにA君の相手をしてもらい、そのすきに二人を別室に招き入れてカギをかけ、外からはわからないようにしました。そして二人に「いいかい、絶対に声を出してはいけないよ」と強く言い聞かせたのです。二人はガタガタと震えながら、うなずいていました。

しばらくして、「さあ、やれやれ」と思いながら、私だけがその部屋から出てきたときのことです。先ほど述べた高校一年生の彼が、私がカギをかけている姿を見ていることにふと気がつきました。「彼がA君に二人がここにいることを伝えたら、とんでもないことになる」と思った私は、急いで「さあ、早くあっちに行きなさい」と小声で言いました。

ところが、彼は部屋の前でうろうろして、すぐに立ち去ろうとしません。私はいらだち、「早くあっちに行きなさい」と小声でしたが、強く言いました。

自尊心を守ることしか頭にない少年

A君は二人を探していましたが、見つからないのでオロオロしていました。私は「今日は外泊したほうがいい」と彼をなんとか説得し、やがてA君の両親が病院に来て、ようやく彼を連れて帰ってくれました。私は、大惨事を避けることができたと本当にホッとしたものです。

そして二人を部屋から出し、自分のベッドで早く寝るように言ったときのことです。先ほどの高校一年の彼が私のところにスーッと寄ってきて、あっと思う間もなく、私のあごを殴りつけたのです。ものすごい力でした。そして、もう狂気の沙汰としか思えない声をあげながら、悲鳴に近い声で「なんで人に〝あっちへ行け〟と言ったんだ」「あっちとはなんだ。オレも人間だ。ばかにするんじゃないよ」と叫ぶのです。

私は殴られたはずみにメガネが壊れ、歯もグラグラになってしまっていました。「ああ、歯が折れたな」と思ったものです。また、殴られたのが下あごだったので、あごがうまく動かなくなってしまっていました。それほどすごい力だったのです。

たしかに、それまでも患者に殴られそうになったことは何度となくありました。しかし、だいたいは〝殴られる雰囲気〟というものがありますから、予想して防いだり、相手を制することができていたのです。しかし、このときはB君、C君はもちろん、病棟のみんなを助けなくてはと必死だったので、ホッとした拍子に無防備になっていたのでしょう。それにしても、私の行動はこの殴った高校生をも助けるという意味でやっていたものです。最初、彼が私に近づいてきたとき、私は礼を言いに来てくれたのかとさえ思っていました。しかし近づくなり、あっという間に殴られてしまったのです。

私はとっさに彼を抑え込み、「いいかい、A君はとても危険な人間で、それをからかった二人を助けるために、私は必死であの部屋に入れて隠した。それを君がじっと見ていた。もし君がそのことをA君に言ったら、とんでもないことになる。だから、〝あっち へ行け〟と言ったんだよ。〝行ってください〟などという状況ではないでしょ」と懸命に言ったものでした。しかし彼の怒りはおさまらず、しばらくはじーっと抱きかかえているしかありませんでした。

本当のところを言うと、このとき私は殴り返したかったのです。この職業を始めてから、患者を殴りたいと思ったことなど、それまで一度もありませんでした。しかし、そのときばかりは私は殴りたいと思いました。メガネはめちゃくちゃになり、あごが動かないためにうまくしゃべれず、歯が三本も折れていたのですから。翌日には、私のあごは内出血で紫色に変わっていました。

事件のあとしまつ

その夜、彼は少しずつ落ち着きを取り戻していきました。そして私は自分の当直室に戻ったのですが、どうしても落ち着かないのです。うまく説明できないのですが、「なんという不条理なところに私はいるのだろう」という感情でいっぱいだったように思います。もちろん、怒りを覚えてもいました。このまま彼に寝てもらってもいいのですが、私は殴りたいという自分の気持ちをどうにか別なかたちで、合理的なかたち、理性的なかたちに変えて、彼と話がしてみたいと思いました。

はれた顔を見せながら、私は彼を部屋に呼びました。そして、「君は暴力を僕に振るったよな。いいかい、それは本当に妥当な暴力ではない。私はみんなを助けようと必死になっていた。ところが君は〝あっちへ行け〟という言葉だけで、つまり〝オレを侮辱したな〟ということで、私を突然殴りつけた。私は歯が折れ、あごも傷めてしまった。ふつうは、私も殴り返したくなる状況なんだ。さあ、殴った人間と、殴らないで我慢している人間と、どちらが本当に強いんだ」と言ってしまいました。

これは今から考えると、本当に私自身の理性のなさにあきれはててしまうのですが、私も限度に達していてこのような言葉を発したのでしょう。彼はしばらく無言で考えていましたが、泣きそうな顔で「先生のほうが強いです。僕が弱いんです。弱いから暴力を振るったんです」と言うと、泣き始めたのです。私は彼の素直な謝り方にどうにか自分の理性を取り戻し、「さあ、じゃあ部屋に帰りなさい」と言ったのですが、それでも「なんたることだ。なんたる世界だ」と思わずにはいられませんでした。

ボーダーラインが育つ家庭

彼もまた「ボーダーライン」といわれる少年のひとりでした。

もともと母子家庭だったために、彼の生活は孤独でした。育っていく過程で友だちをつくる能力も身につけられず、何よりも当たり前の常識が欠けていました。自分のエネルギーをすべて勉強につぎ込むことで、いわゆる一般常識を学ぶチャンスを失っていたのです。また、学校へは行くものの、途中で不登校になっていたため、社会のなかで暮らす貴重な機会も失っていました。このようなことで、いっそうボーダーライン的な傾向が強まっていったものと思われます。

ボーダーラインの二人の男性を紹介しましたが、こうしてみると、あらためてボーダーラインの人が持つ激しさに驚かされます。治療を始めても、なかなか怒りをコントロールできるようにはならないのです。

ただ後者の少年について言えば、あの事件は大きな教育的な意味がありました。その後退院し、家庭に戻っても家庭内暴力を起こすことがなくなったのです。別の高校へ通い始めたのですが、再び不登校になることはなく、今では大学生になっています。その姿は、もはやかつてのボーダーラインの姿ではなく、実に真面目で「将来はエンジニアになる」と言っていました。

いま見てきた二つの例は、どちらも離婚した母子家庭でした。ボーダーラインは両親がそろった家庭でも生じますが、しかし母親と離れて育ったり両親が離婚している率がボーダーラインの家ではやや高くなっています。そうした家庭ではいつも不安が渦巻いているため、親が子どもたちの愛情に応える余裕を失っている場合が多いからと考えられます。かくてボーダーラインはこのように、本当の愛情、信頼できる愛情が十分に与えられないことが大きな原因とも考えられます。

遺伝はどこまで関係している？

また、「素質」という要因も考えないわけにはいきません。たとえばボーダーラインの出身家庭は両親の離婚率が高いわけですが、離婚の理由として、両親のどちらかが暴力的だったり、衝動的な性格を持っていたりする場合がほとんどです。一人ひとり父親や母親の性質を取り上げれば、このようなボーダーラインの特徴と似た面が多く見つかるものなのです。

ただし、ボーダーラインを「アダルトチルドレン」などという考えで説明することはできません。いかに母親が悪くても、母子家庭であっても、子どもがちゃんと育つケースのほうが圧倒的に多いからです。今の二例はたまたま母子家庭でしたが、「母子家庭だから、必ず子どもがこうなる」ということにはならないのです。

たしかに、母子家庭はこのような子どもを生みだしやすいという傾向はあります。しかし、それでも遺伝的な素質なしには生じません。第1章でお話ししたように、どんな心の障害であれ、「素質」と「環境」の交互作用で生じるものだからです。

遺伝的な素質が高ければ、環境が少し悪くても発症しやすくなり、遺伝的素質が低くても、ストレスが高ければ、つまり環境がひどければ発症しやすくなります。また逆に、遺伝的な素質が高くても、環境がよければ、つまり本人が受け入れられ、安心できる愛情が確保できるような環境があれば、発症しないかもしれません。

環境と素質という両面を比較せずに、親が悪いからこのような暴力が起こる、あるいはアダルトチルドレンが生じるなどという理論は、科学的には成立しない概念です。ちなみにこの「素質—ストレスモデル」というのは、ローゼンタールというアメリカの心理学者が主張し、ある意味で常識的な考え方ではあるのですが、現在、世界的に受け入れられている考え方です。

近年、日本やアメリカではボーダーライン的な傾向を持つ若い人たちが増えています。これは一概には論じられないものの、幼い頃から物質的に豊かな世界に育ったため、我慢する機会が少ないこと、母親の育児能力が下がっていることなども理由として考えられています。

第6章

子どもが七歳になるまでに親がすべきこと

「人と関係をつくる力」を取り戻すために

学校や会社からあいさつが消えている…

先日、ある幼稚園の先生たちの集まりに呼ばれる機会があり、そこで私は「現代の青年たちは、会ってもあいさつもしない」などといった話をしました。

今の若者たちは、会社でもお互いに「おはよう」というあいさつさえ交わすことが少なくなっているようです。上司の人たちに話を聞くと、「昔に比べると、あいさつははるかに少なくなりました。若い人たちは、こちらから言わないかぎり言わないですしね。いや、こちらが言っても言わない人も多いですよ」と答えます。

たかが朝のあいさつと言われてしまいそうですが、実はこれは小鳥から類人猿まで、いろいろな動物が当然のようにしている一種の〝儀式〟なのです。互いに声をかけあって、

「オレたちは仲がいいよな。気が合っているよな。今日もまた頑張ろうぜ」と確認するわけです。

「おはようのあいさつができる、できないで、そんな大げさな。あいさつを強要するなんて、軍国主義のようだ」と思われるでしょうか。私は決してそういうことではないと考えています。お互いの朝の声のかけあいというものは、生物学的な意味でも、あるいは社会的な仲間の合図としても、とても重要なことだと考えています。

幼稚園の先生方も、先ほどの集まりで「最近の園児たちは、お互いにおはようと言わなくなりました。先生にも自分からは言いません。こちらのほうから言わなければ、あいさつしないんです」といったことを報告していました。

これは明らかに親のしつけ不足によるものでしょう。「うかつな見過ごし」とも考えられます。あいさつというのは、人間関係を築くための第一歩でもあるのです。人にあいさつができない若者たちは、往々にして社会のなかで人間関係をうまく保つことができなくなります。

「笑う」ことの意味

今の若者たちに一般的に見られる人間関係の乏しさは、もちろん今言ったように、親のしつけ不足による面が大きいのですが、もうひとつ、次に述べるようなもっと心理学的な要因も考えられます。

現代の私たちは非常に忙しくなっています。そのため、親は子どもが生まれても、ゆっくりと向き合ってやる時間が少なくなっているようです。

たとえば乳児は生後二〜三カ月頃から、微笑みを見せるようになります。それに対し、母親は反射的に微笑みを返します。つまり母子の間で微笑みの交互作用が行われるかどうかが、その子にとって、人とのコミュニケーションの力やタイプを左右するひとつの大きな分岐点になるのです。

言葉はわからないが笑う、そして大人が笑い返す。子どもが発信した「笑う」というサインに対して、親がそれなりのサインを返すことによって、その子は「笑う動作」を覚え、よりたしかなものにしていくのです。

なぜ、子どもは自然と笑うということをするようになるのでしょうか。それは、子どもにとって、笑いは母親の愛情を引きつける働きも持っているからです。母親が子どもに淡泊になってしまったら、子どもは生命を維持することができなくなります。つまり愛されない、無視されて世話をしてもらえないということが起こるのを防ぐために、母親の愛情を引きつける動作がすでに生物学的に、あるいは心理学的に起こっているとされています。

保育園ではつとまらない役目

このような微笑み返しが何度も行われると、いずれは子どもの「喃語《なんご》」と呼ばれている言葉が出始めます。「あっあー」とか「うー」とか、いわゆる言葉にはなっていないのですが、感情や意思がこもっていますから、たいていの母親はなんとなく自分の子どもが何を言いたいのか、してほしいのか、察しがつくものです。

この段階で、母親はそれに似た言葉を繰り返すという喃語の交互作用に移ります。そして最終的には言葉のやりとり、「ママ、ママ」「○○ちゃん、○○ちゃん」という相互の呼びかけに移っていくのです。こうなってくると、もはや母親と子の間には堅い情緒的な結びつきが生まれ、同時に子どものコミュニケーションの能力も高まっていきます。

しかし現代の子どもたちというのは、母親が忙しいためにこの微笑み返しや喃語の交互作用、言葉の交互作用が減っているという調査が見られるのです。たとえば母親が仕事やパートなどに出かけると、勢い、この微笑み返しや喃語返しの交互作用が減ってきてしまいます。たとえ保育園に預けられたり、面倒をみてくれる祖父母がいたとしても、母親に比べればきわめてその頻度は少なくなる可能性があるとみてよいでしょう。

このようなことが、子どもの人間関係の希薄さに結びついているように思います。もっとも人間関係の希薄さは、すでに述べたように、子ども同士の遊びが少なくなったことともおおいに関係しているのですが。

なぜ子どもたちは電話にはまるのか

それにしても、今の小学校、中学校、高校あるいは大学生、青年の間における、人間関係の希薄さには驚かされます。

仲間をつくれない、学校の掃除当番でも自分の担当が終わったら、クラスメートが立ち働いていてもさっさと帰ってしまう、学校で顔を合わせているときにはたいして話もしないのに、家に帰ると電話で長話する――。

これはいったい、どういうことなのでしょうか。

私は大学でも教えているのですが、大学生のあの携帯電話の使い方も不思議に思えてなりません。キャンパスを歩きながら、携帯電話で「どう、元気？」などと言っていても、実はすでにその日の朝会って、相手が元気なのを知っているのです。そして、そのときにはたいして言葉を交わさないのに、携帯電話になるとやたらに多弁になります。

話しているときに相手の表情が見えるということは、自分の言ったことの影響がすぐにわかるということです。「あっ、今の言葉で相手を傷つけてしまった」「嫌がられてしまった」というように、相手の反応がすぐにわかるわけです。また、相手が言うことについても、すぐに自分に影響します。この「わかり合う」という関係を、今の若い人たちはとても恐れています。ひそかに相手を傷つけたり、または自分が傷つけられるのがこわいのです。その点電話なら、自分の表情が相手にわかりませんし、相手の表情もわかりません。直接的な傷つき合いをひとまず回避することができるわけです。こういう意味では、電話は彼らにとって、とても便利なものなのです。

しかし考えてみると、コミュニケーションとは感情を伝え合うことなのですから、時に傷つけ合うことがあったとしても当たり前のことです。それに、その場ですぐに謝るなり、きちんと説明するなりして、その修正をすることもできるわけです。しかし、今の子どもたちはこの修正をせずにすませようとします。相手と直面してコミュニケーションする力が低ければ、当然仲間をつくったり、会社でチームをつくったりするときには大きなハンディキャップとなります。

しつけを他人まかせにする親たち

対照的な先生と母親の認識

九九年三月から七月にかけて、子どもたちの生活習慣についての調査が、くもん子ども研究所(大阪)により東京、千葉などの幼稚園の先生と、幼稚園児と小学校低学年の子どもを持つ全国の保護者を対象に行われました。以下は、この調査に対する約二八〇〇名の回答結果です。このうち、幼稚園の先生が挙げた「子どもたちに不足している力や態度」は次のようなものでした。

1　基礎的な生活習慣　　八一・九％
2　最後まで頑張り抜く力　　七六・八％

3　集中力や根気などの学習の基礎となる力　七六・二％
4　幼児なりの礼儀作法　七一・六％

これはかなり予想される数字ではありますが、それにしてもいささか高いのが気になります。それだけ子どもたちの生活態度がわがままで、親のしつけが行き届いていないという印象を受けます。

他方、母親側は次のようなものが子どもたちに身についていると考えています。

1　年齢相応の道徳性　九二・八％
2　基礎的な生活習慣　九一・一％
3　友だちと付き合う態度　八七・一％

こうして見ると、生活習慣の習得については、先生方と母親とでは正反対の認識を持っていることがわかります。母親のほうは、先生方とは反対にきわめて高いものと受け止めているのです。

では、どちらの観察が信用できるかといえば、それはやはり幼稚園の先生のほうでしょう。母親は自分の子どもというものを、どうしても甘く見てしまいがちです。また実際、年相応の道徳性を身につけた子どもが九二・八％もいるとはとても考えにくいのです。

特に、「基礎的な生活習慣」を身につけている子どもが九一・一％などというのは、あまりにも非現実的な高い数字です。友だちと付き合う態度が身についている、も八七・一％とありますが、これもちょっと納得できません。

さらに具体的なところでは、幼稚園の先生は次のような例を挙げています。

・トレーニングパンツで登園してくる子がいる。
・夜遅くまで起きているため、園に来るとあくびをしたり、寝そべったりする子がいる。
・空腹時でも、嫌いな食べ物には見向きもしない。

トレーニングパンツというのは、幼児がおむつを卒業し、トイレで排泄する習慣を身につけられるまで使う厚めのパンツや紙パンツのことです。つまり、トレーニングパンツをはいて登園してくるというのは、三歳を過ぎてもまだトイレで排泄する習慣ができあがっていないということです。

このような具体例を見ても、いかに母親の態度が間違った認識の中にあるかがよくわかるのではないでしょうか。

虐待にも似た過度の愛情

このほか、「学校教育を通じて身につけることができる力や態度は何か」という質問に対し、「集中力や根気など学習の基礎となる力」と答えた先生はわずか一四・二%でしたが、母親側は四人に一人におよびました。

しかし、学校教育で集中力や根気などを学ばせるというのは、ある程度はうなずけるものの、本質的には親のしつけの問題のはずです。

似たようなことは、かつて四、五年前に行った調査でも見られました。親に自分の子どもたちについて聞いたところ、「今の学校の先生方に何を望むか」といった質問に対して、一番多かった答えが「しつけ」だったのです。幼稚園児の話ではありません。小、中、高の生徒たちの話です。

小、中、高で「先生方に望むものはしつけ」と平然と答えられるところに、いかに今の親の持つ認識が甘いか、他人依存であるかがわかります。

また、「大学の先生に何を望むか」という質問にも、「生き方を教えてほしい」という親側の意見が出ていました。

いったい、「大学の先生に生き方を学びたい」などと言う人たちは、何のために大学に入ってくるのかと思わずにはいられません。大学というのは、「自分で考え、自分の生き方を自分で見つける」ということを学ぶところ、学んでほしいところであって、「生き方そのものを教えてもらおう」などというのはあまりにも幼稚な考え方ではないでしょうか。

今の親たちの態度というのは、先ほど依存的と言いましたが、こうして見ると、実に子どものしつけに自信を失っており、学校に依存していることがさらによくわかります。

子どもの甘えがひどくなっているということがよくいわれますが、なるほど、親たちがこれでは、核家族になって日本の子どもの甘えがいっそうひどくなっているのは無理もありません。

また、甘えの強い子どもが多くなった背景には、母親のほうが子どもの甘えを要求している、つまり子離れできない親が実に増えているという現実があります。いつまでも自分の手もとに子どもを置いておきたいという気持ちがあるために、子どもを甘やかすことで成長を妨げ、自立を抑えようとし、母親が子離れできないというのも大きな問題なのです。これは「愛情」という美名のもとに子どもの成長を疎外し、自立心を疎外するという、いわば〝ペット化〟と言ってもいい現象で、ある意味では、虐待と変わりありません。

子どもに必要な〝しつけ〟七カ条

〝遊び〟が最大のトレーニング

さて、これまで、子どものしつけがどれほど大切かということを強調してきました。当たり前と言えば当たり前のことなのですが、現実にはその当たり前のことが十分に実行されていません。先ほど紹介した調査でも、母親のほうは子どもに十分なしつけをしていると考えていますが、幼稚園の先生にはしつけができていないと判断されているのです。この落差を母親たちは十分に知る必要があるでしょう。

人間が人間となるために、初期のしつけはきわめて重要であり、愛情だけをありあまるほど与えるというのでは不足です。愛情を与えることと、しつけのバランスを考えることが重要なのです。

そして、このような基本的なしつけが小学校の低学年までにできあがったところで、小学校中学年から中学校までに同性仲間の遊びグループが形成され、そのなかでよりいっそう対人関係、自分の感情のコントロール、人の気持ちを理解する力というものを学んでいかなければなりません。

同世代の同性仲間と集団で遊ぶということのなかには、将来、社会に入っていくために必要なおおよその基本的な枠組みがすべて含まれており、子どもたちは遊びを通して、自然と社会に適応していく力を洗練させていくことができるのです。

ですから、この同性仲間で遊ぶことが大切な年頃に塾に行き、仲間と遊ぶことが消えつつあるということは実に憂うべきことなのです。偏差値をいくら上げても、人と接することができなければ、社会に入っていくことはできません。このことは、新潟県柏崎市で起きた「少女監禁事件」でも明らかでしょうし、池袋や下関の「通り魔事件」や「ハイジャック事件」からもわかります。

このようなグループ遊びが失われつつあるのは、子どもたちの世界を塾や偏差値、超学歴社会というものが支配しているからです。しかも、まず先に母親たちのほうがこの超学歴社会の価値観にすっぽりとはまってしまっています。親は自分たちが今ある社会をもっと別の角度から眺める、ある距離をもって眺めるということをしなければ、子どもたちに被害を与えることになることに早く気がついてほしいと思います。

今の子どもたちは、小学生のときから大学に入るための努力を始めています。そして走り続け、大学に入って初めてその疲れをいやすというシステムになっているのですが、これは人間の自然な成長に合ったものではありません。本来、高校くらいまでは伸び伸びと好奇心によって勉強し、遊びを通して対人関係や友情を学び、人の気持ちや立場を理解することを学ぶことが絶対に必要なのです。

それが、大学でやっと勉強から解放されて遊ぶというのでは、社会のシステムとしてはおかしいのです。大学でこそ社会に出ていく準備、つまり本来の勉強が必要であり、そして社会に入って、その能力を発揮してほしいものです。大学の入学試験までに、自分のすべての能力を発揮するという日本のこれまでの学歴システムは、明かに間違った方向にあり、行政による改善が強く望まれます。

子どもに必要な〝しつけ〟七カ条

ここでもう一度、私たちの子どもに必要なことをまとめてみましょう。

1　子供の初期のしつけをきちんとしよう

「初期」というのは、小学校低学年まで、特に小学校に上がるまでを指します。世の中には「許される行為」と「許されない行為」があるという、基本的な生活の枠組みを知ること。これがまず幼児期に知らなくてはならないことだと思います。

2 集団遊びを重視しよう

これまでお話ししてきたように、子どもたちは集団遊びのなかで、対人関係の能力、自分の感情をコントロールする力、他人の気持ちを思いやれる共感性などを身につけていくことができます。また子どもたちは、遊びのなかで創造力を高めていきます。母親や先生など、他人から与えられた既成の価値観しか身についていないとすれば、私たちは物事を前例にならって進めることしかできなくなってしまいます。遊びは子どもの創造性を引き出し、育んでくれるものです。

3 冒険心と好奇心を育もう

今は社会も会社も、教育のシステムもできあがっていて、冒険がなくなってしまっています。冒険心を持つこと、夢を見ることが難しくなっているのです。これが今の日本の子どもたちに、非常に不幸な感覚を与えていると思います。

つまり、何か冒険してみようと思っても、全部そろっていて、求めるべきものが何もないように見えるのです。中身は混沌としていても、形式やシステムはきれいにできあがっています。出世の仕方も年功序列で、まだ本当に実力本位とは言い切れないところがあります。ですから、子どもたちには何もかもが固定的で決まってしまっているように見え、なんの冒険心も野望もそそられないわけです。これは子どもたちの「早く大人になってあれをやりたい、ああなりたい。頑張ろう」という意欲を低下させます。

やはりこれからは、夢を持てる柔らかい社会にしていきたいものです。

また家庭のレベルでは、「親がお手つきをしない」ことがとても大切です。「これは危ないから、やってはだめ」「学校はここがいいわ」などと、いちいち子どもより先に手を出さないことです。過保護にならず、遠くからそっと子どもを見守れる我慢強さを持ちましょう。現実には、多くの親が子どもにばかり我慢を強いているのです。

4　マイペースで生きる強さを身につけさせよう

日本人はどうしても、他人の目を気にして生きようとする面があります。日本人に対人恐怖症が多いのも、「自分が他人や世間からどう見られているか」という、人の評価にとらわれやすいからです。心健やかに、自分らしく生きていくためには、自分の内面を素直に出せること、また出したために他人から多少反応があったとしても崩れずにいられる強さを持つことが大切です。

親は子どもに「あなたはあなたなのだから、自分のペースで生きていけばいいんだよ」「あなたの人生は、あなたのものなんだよ」と言ってやり、また親自身も子どものペースを尊重してやりましょう。また、「人がどう思うか」ではなく、自分自身の倫理観や「こう生きたい」という信念に従って、主体的に生きるように導いてやってほしいと思います。

他人の目を気にして生きたところで、他人はそれほど、その人のことを考えてはいません。であれば、自分の行動や生き方が無責任な他人の評価に左右されるのは、あまりにももったいないことと言えます。

また、「みっともないからやめなさい」「恥ずかしいからやめなさい」というように、人目を気にしたしつけをすると、その裏返しで「人目がないところでは何をしてもいい」という心理を植え付けることにもなりかねません。

5 自立心を育てよう

「自分の人生は自分でつくるのだ」という自覚と気概をもって生きていくことができる、強い自立心がほしいものです。

そのためにも親はいさぎよく、子どもを手放すことです。親がやってやる代わりに、「自分でやってごらん」「自分でできるか、工夫してごらん」と言って放っておき、「どこまでひとりでやれるかな」とそっと見守っていてやるのです。

こういうふうに見守るのは、親の忍耐力と関わってきます。しかし、これによって、子どもの「自分でやっていこう」という自発性、自立心が育っていくのですから、じれて〝お手つき〟をしないようにしてほしいと思います。

人生は自分で組み立てていくほうが絶対におもしろいのです。この人生のおもしろさ、生きることのおもしろさがわかれば、不登校や引きこもり、犯罪や非行の増加といった今の子どもたちをめぐるさまざまな問題の多くは避けられると思います。

6 自己愛の肥大を防ごう

昨今、少子化のなかで、母親の過保護によって「自分は特別な存在だ」「自分には特別な能力がある」といった過大な自尊心を持つようになった若者が増えています。自尊心が高いと対人関係がむずかしくなり、また人生につきものの失敗や挫折を乗り越える力も弱くなります。

親がわが子だけを溺愛して、まわりの子たちには無関心というのは、自己愛を育てるだけです。常に公平に自分の子どもを見る目を忘れないようにしましょう。ただし、公平で客観的な目を持ちつつも、一方では、子どもがどんなに失敗しても、自分の子どもとして愛情深く受容できる力も備えておいてください。むしろ失敗や挫折したときにこそ、「いや、あなたは私の子どもなんだから、我慢できるはずだよ」と、くじけないように励ましてほしいと思います。

7　心の交流を楽しもう

結局のところ、私たちの心の喜びというのは、人との交流のなかにあります。人との交流を忘れた、単に本を読むだけの学問は生きた学問ではありません。親しい友人や家族との交流を通して、私たちはお互いがお互いを支え合うと同時に、人と心を交えることの喜びを確保することができます。人との関わりは生きる意味であり、生きる虚無感を防ぐのにまちがいなく必要なものです。

私は精神科医として、以上のことが今現在を生きている子どもたち、青少年たちの心の病理を防いでくれるものと考えています。

男親のしつけ、女親のしつけ

本書のなかで、母親のしつけについて言及しているところは、本来はそのかなりの部分が父親と書いてもいいものです。しかし、現実にはほとんどの父親が育児に参加していません。本来は父親と母親の両方が育児に関わるべきなのですが、その事実があるためにやむをえず母親と書いてある場合が多くなってしまっています。

父親のしつけは、子どもが幼いときは遊びと入り混じっています。「高い高い」をしたり、もう少し大きくなればキャッチボールなど身体を使った遊びを中心として、いろいろな遊びを通してしつけをしていき、また感情の発達をうながしていきます。

そして、第1章でお話ししたように、父親は背中に世間の波を受けていますから、社会的な目で子どもを見つめ、導いていくのが主たる役割になります。

一方、母親は幼い頃、とくに二歳頃まではもっぱら世話をするという役割に集中しやすくなります。実際のところ、食事や排泄をはじめとして、世話に徹しなければどうにもなりません。父親ももちろんやりますが、それでもおっぱいを与えたり、おしめを変えたりは、やはり自然と主に母親の役割になります。

ここで、二歳までがひとつのラインだと思います。二歳までは母親も夫のことを忘れて、子どものことで手いっぱいになってもよいのですが、二歳を過ぎたら、母親はもう一度父親のところへ戻り、父親と一緒になってしつけの方針を考えたり、共同で育児にあたっていかなくてはなりません。

なぜ二歳なのかというと、二歳まではまだ精神的に母親にくっついていないといられませんし、また生理的にも生きていけないからです。それが二歳頃になると、言葉もある程度話せるようになり、歩けるようにもなります。ちょうど自立を始める時期になるわけです。この自立は本格的なものではなく、側に誰かがいなくてはならない、とても危ういものです。しかし、そのうち、だんだんとひとりでも大丈夫だという時間が長くなり、行動範囲も広がっていきます。

こうなったら、母親は後ろに下がり、少し遠くから子どもを見ていてもいいようになってきます。この頃から父親も一緒になって遠くから見て、この子のしつけをどうしようといったことを相談し合いながら、今度は二人であたるのが重要なことになってくるわけです。

初期のしつけに欠かせないルール

「初期のしつけ」を一言で言えば、善悪を教えるということです。「これはいい」「これはだめ」、「いいことをしたね。いい子ね」「これはやっちゃだめよ」というように、いい悪いを教えていく。結局のところ、しつけはこの教えに尽きます。ただし、その根底には親子間に、まず信頼関係が築かれていることが欠かせません。まず子どもと十分に触れ合い、信頼関係を築くことが大切です。これは大きくなってからでも同じことです。中学生の子どもを信頼感もなしに叱ったりしつけようとしたりしても、単に反抗を呼ぶだけです。

「善悪を教えるだけ」というと簡単なようですが、実際にさまざまな状況のなかで「世の中には許されることと許されないことがある」と教えていくのは、やさしいことではありません。具体的にどうしたらいいのか、考え込んでしまう場面も少なくないものです。

たとえば、自分の幼い子どもが友だちにお菓子をあげようとして、相手にぶつかってしまい、転ばせてしまったというようなとき、あなただったら、子どもにどんな言葉をかけるでしょうか。「あなたはお友だちにお菓子を分けてあげようとしたね。それは、とてもいいことなんだよ。でも、まだ十分に立てない赤ちゃんだから、ぶつかったら倒れちゃうよね。そのへんは気をつけようね」と静かに叱り、謝らせることも必要でしょう。

現実にはもっといろいろな状況がありますし、しつけはそれほど簡単なことではありません。ただ、原則は善悪のけじめを教えるということ。ここに立ち返りながら、その場その場の状況に応じて、自分の子どもを愛情深く、しかし客観的に見つめながら、導いていくことが大切です。

また、子どもに基本的なモラルと将来への自立、社会に入っていけるような力をつけさせることをめざしてのしつけであるかどうかも重要です。そういう見通しがなく、当面のその場限りのしつけというのは、そのときの感情に従ってやっている場合が多いですから、深みがありません。

遠い目線、「やがて、あなたは自立していくんだよ」「だから、これだけは社会に出るまでに覚えておかなければいけないよ」という含みが母親や父親にあるかないかは、大きな分かれ目になります。その判断基準に照らしての、叱ったり教えたりが、子どもにとっての本当のしつけになるのです。

また、今の子どもたちは我慢できないというのも問題になっていますが、最近は母親が外へ出る機会も増えているせいもあるのでしょうか、我慢させると泣いたりぐずったりして面倒くさいから、我慢させないですませようという面も目立ちます。泣かれてうるさくまとわりつかれるのでは迷惑だからというので、親のほうが根負けしてしまうわけです。

今のように物があふれている時代に子どもをしつけるというのは、とても難しいことです。日本全体が貧しかったかつての時代とは異なり、今は子どもが「あれをくれ」と言ったら、だいたいあるのですから。しかし、物がある時代であっても、やはり「それはだめです」というしつけをつらぬくのは、絶対に必要なことなのです。

町沢静夫（まちざわ・しずお）

精神科医、医学博士。1945年生まれ。

東京大学文学部心理学科、横浜市立大学医学部卒業。国立精神・神経センター精神保健研究所を経て、94年「町沢メンタル・ヘルス研究所」を開設。現在、東京専売病院、式場病院などで診療にあたっている。98年より立教大学コミュニティ福祉学部教授。最新の精神医療に精通し、人間に対して常に温かいまなざしをもって行われる治療には定評がある。

著書に『ボーダーラインの心の病理』（創元社）、『成熟できない若者たち』（講談社）、『性格は変えられる』（KKベストセラーズ）、『人格障害』（共著、金剛出版）、『こころの健康事典』（朝日出版社）など多数。

心の壊れた子どもたち

2000年6月15日　初版第1刷発行
2003年8月1日　初版第5刷発行

著　者——町沢静夫
発行者——原　雅久
発行所——株式会社 朝日出版社
〒101-0065　東京都千代田区西神田3-3-5
電話　03-3263-3321（代表）
ホームページ　http://www.asahipress.com/
印刷・製本——図書印刷株式会社
編集制作——ブックマン社

ISBN4-255-00028-X C0030

乱丁、落丁本はお取り替えいたします。

定価はカバーに表示してあります。